AF502162

APOLOGIE
DE
L'ESPRIT DES LOIX;
OU
RÉPONSES
AUX OBSERVATIONS
de M. DE L*. P**.

*Par M. De R***.*

Quid Leges ſine moribus!
Hor.

A AMSTERDAM.

M. DCC. LI.

Quid Leges sine moribus
Vanæ proficiunt ? si neque fervidis
Pars inclusa caloribus
Mundi, nec Boreæ finitimum latus
Durataeque solo nives
Mercatorem abigunt ; horrida callidi
Vincunt æquora Navitæ.

Hor. Od.

APOLOGIE DE L'ESPRIT DES LOIX; OU RÉPONSES

AUX OBSERVATIONS, &c.

L'ESPRIT des Loix a eu le ſort de tous les bons Livres ; il a excité bien des Critiques. Les uns ont prononcé au hazard ſans entrer dans aucun examen, & ſe ſont imaginé que l'on devoit recevoir leurs ſentimens comme autant d'Oracles. D'autres ont oppoſé des autorités à des raiſonnemens, & ſemblent avoir ſenti eux-mêmes qu'ils étoient trop foibles pour combattre à armes égales. Je les compare à certains Heros de l'ancienne Chevalerie qui ne demandoient pas mieux que d'attaquer des Géants; pourvû qu'auparavant quelque Enchanteur leur eût donné un Anneau magique qui eût la vertu d'ôter à leurs Adversaires l'usage des bras, & de les rendre entierement immobiles.

L'Auteur de l'Esprit des Loix s'est néanmoins défendu contre ces Critiques. Il a admis les autorités par la raison que ce sont des autorités, excellente raison puisqu'elle est sans replique; mais il a fait voir qu'il n'avoit rien dit qui leur fût contraire, & qu'il avoit même inséré quelque trait qui prouvoit combien il les trouvoit respectables.

Depuis que la *Défense de l'Esprit des Loix* a paru, un Critique plus judicieux a entrepris de donner l'Extrait (*a*) de ce grand Ouvrage. M. D. L. P. s'étoit déja rendu célebre par des *Observations sur la Littérature.* On y avoit remarqué de la facilité,

(*a*) Observations sur l'Esprit des Loix, ou l'art de lire ce Livre, de l'entendre, & d'en juger.

de l'éloquence, & ce qui est plus rare aujourd'hui, de la méthode, de la solidité. C'étoit beaucoup plus qu'il n'en falloit pour rendre compte de la plûpart des Ouvrages modernes. Mais ce n'étoit rien de trop pour un Extrait raisonné de l'Esprit des Loix, de l'Ouvrage d'un grand homme, & d'un Ouvrage de *vingt années.* (*a*)

Aussi M. D. L. P. qui s'étoit pénétré de la difficulté & de l'importance du sujet, a-t-il réuni toutes ses forces, & déployé ce que peut offrir de plus frapant la Dialectique la plus ingénieuse. On doit lui sçavoir gré de s'être écarté de la route qui avoit été battue par les premiers Critiques. Il n'a point pris la plume seulement pour blâmer; il a commencé par observer les beautés, d'une maniere qui lui fait autant d'honneur qu'à M. de M. & s'il a crû y appercevoir des défauts, il n'a pas crû qu'il suffisoit de les indiquer en des termes vagues. Il a prétendu prouver que c'étoient des défauts, & pour cela il n'a eu recours à aucune autorité. L'autorité vaut sans

(*a*) Voyez la Préface.

doute une preuve, mais n'en est pas une : il s'est contenté de parler raison. » L'Auteur de l'Esprit des Loix, dit-il au commencement de ses Observations, (*a*) » ne parle de la Religion » que comme Philosophe. Ce n'est que » comme Philosophe non plus que j'e- » xaminerai ses principes ; & si j'en » trouve quelques-uns qui me paroif- » sent contraires aux idées de la rai- » son, je ne me servirai que de ces » mêmes idées pour les combattre. «

Il n'est pas possible qu'avec de pareilles armes on ne fasse des objections au moins très-spécieuses, & très-capables de faire impression. Je me propose de répondre à celles de M. D. L. P. sur l'Esprit des Loix. J'avoue avec M. Clement (*b*) qu'elles *étoient dignes d'une Réponse du Pr.* Mais un Auteur n'auroit jamais fait, s'il falloit répondre à tous les Critiques, même à ceux qui ont du mérite. D'ailleurs un Auteur qui fait d'aussi bons Ouvrages que l'Esprit des Loix, a quelque

(*a*) Art. 1. p. 15.

(*b*) V. Nouvelles littéraires par M. Clément. à Londres 1751. Lett. 1.

chose de mieux à faire que des Réponses.

Cependant comme *plusieurs personnes*, ainsi que le dit M. de M. lui-même, (*a*) *de ce que l'on garde le silence* concluent que *l'on y est réduit*, j'ai crû qu'il seroit utile de les tirer d'erreur ; ce qui me donnera occasion d'entrer dans quelques questions qui regardent les Loix & les Mœurs, & qui sont toujours intéressantes. Si ces mêmes personnes de ce que ma Réponse seroit insuffisante concluoient que l'objection seroit invincible, elles auroient certainement grand tort : tout ce qu'il faudroit en conclure, c'est que j'aurois fait une mauvaise Réponse. Il y aura toujours lieu de présumer que si M. de M. eût parlé lui-même, il n'auroit rien laissé à désirer.

Je sçais que l'Esprit des Loix est au-dessus de toute Apologie ; mais Hérodote est fort au-dessus de celle qu'a faite pour lui Henri Etienne; & cela ne l'empêche pas d'être estimée.

Je ne m'engage point à répondre à toutes les Observations, mais seule-

(*a*) Défense de l'Esprit des Loix p. 256.

ment à celles ausquelles je croirai pouvoir répondre. Je ne m'engage point à penser toujours comme l'Esprit des Loix ; si je suis le plus souvent du sentiment de M. de M. c'est qu'il l'appuie de raisons qui me paroissent le plus souvent convaincantes. Je me réserve la liberté d'avoir quelquefois un sentiment à part : ce ne sera point pour me donner un air de singularité ; & je puis dire en un sens que j'aurai toujours le même sentiment, c'est-à-dire celui qui me paroîtra le plus vrai.

S'il est très-permis de critiquer un Ouvrage, à plus forte raison doit-il être très-permis à tout le monde d'en prendre la défense. On laisse ordinairement ce soin-là à l'Auteur : il est plus facile d'objecter que de répondre. Le Critique peut choisir l'endroit qu'il juge le plus foible ; mais la réponse est toujours déterminée par l'objection. Il est aussi plus flatteur de reprendre que d'admirer : ce qui a multiplié si fort le nombre des Critiques, & ce qui a fait naitre même quelques justifications, quelques Apologies, par le plaisir secret que l'on trouve à critiquer les Critiques. Tant il est vrai que le Cœur sçait se replier & nous fait souvent faire des choses opposées par le même principe.

Mais le plaisir des faiseurs d'Apologies est plus éloigné de sa source. C'est de-là qu'il est moins goûté; c'est delà qu'il y a tant de Sociétés qui s'occupent à remarquer ce qu'il y a de défectueux dans les Ouvrages nouveaux, & pas une qui se charge de répondre à ces Critiques trop nombreuses pour être toutes équitables.

Il seroit pourtant à souhaiter, généralement parlant, que les Auteurs ne se défendîssent point par eux-mêmes. Ils le font presque toujours avec trop de passion; & ayant raison au fonds, ils ont tort par la maniere d'exposer leurs raisons. De très-grands Philosophes ont reconnu ce défaut, & ne l'ont pas évité. Tout ce qu'ils ont pû faire a été de le réparer en quelque sorte en l'avouant, & de se ramener de tems en tems à la modération. Descartes répond aux objections de Gassendi. Descartes se laisse emporter à la chaleur de la dispute; mais il le remarque, & il se corrige lui-même.

» Jusqu'à présent, dit-il, j'ai mêlé de
» de la passion à mes raisonnemens «.
De-là il donne à son adversaire les plus grands éloges. Qui croiroit que cet aveu vraiment héroïque ait donné lieu à un Ecrivain connu de traiter Descartes d'*impertinent* ? (*a*)

(*a*) Voyez les Mémoires secrets de la République des Lettres, ou le Théâtre de la vérité, par l'Auteur des Lettres Juives, à Amsterdam 1738. On raporte, Lettre IX. p. 381. ce passage de Descartes : *Hactenùs verò Mens cum Carne disseruit ; sed jam in conclusione verum Gassendum agnosco, illumque ut præstantissimum Philosophum*, &c. On fait là-dessus la réflexion que voici : » Il regne dans » tout ce compliment un air de vanité, je se» rois tenté de dire de fatuité : la comparai» son de l'*Esprit* qui s'entretient *avec la Chair* » est impertinente ». Une imputation aussi injurieuse, faite à un si grand homme, n'est appuyée que sur un contresens.

On s'est imaginé que Descartes en cet endroit se comparoit à l'*Esprit* vis-à-vis de Gassendi qu'il comparoit à *la Chair*. Quelle idée ! Quelle apparence que Descartes ait fait un parallele si offensant, pour un homme qu'il appelle au même instant & au même endroit » Philosophe très» célebre, aussi estimable par ses mœurs » & par son génie, que par sa science & sa » profonde érudition ! On n'a point enten-

M. de M. n'a pas même eu besoin d'un pareil aveu. Dans sa Défense, il a toujours ce ton modéré qui persuade, parce qu'un homme capable de le soutenir montre une force de génie, avec laquelle on ne sçauroit manquer

du, *hactenus vero Mens cum Carne disseruit.* Cela ne signifie pas, » jusqu'à présent l'*Esprit* » *s'est entretenu avec la Chair.* « Cela signifie, jusqu'à présent l'Esprit & la Chair ont eu part à la dispute; c'est-à-dire, j'ai mêlé de la passion à mes raisonnemens; ce qui est totalement différent, & ce qui s'accorde parfaitement avec la suite *sed jam in conclusione verum Gassendum agnosco, illumque ut præstantissimum Philosophum suspicio, ut virum candore animi atque integritate vitæ celebrem amplector, & ejus semper amicitiam quibuscumque potero obsequiis demereri conabor.* La comparaison prétendue ne se trouve donc point dans Descartes: elle appartient entiérement à cet Ecrivain qui la nomme impertinente. L'explication que je viens de donner paroîtra naturelle à tous les Sçavans. *Mens cum Carne*, l'Esprit & la Chair, le Philosophe & l'homme, la raison & le tempérament ou la passion. Les bons Auteurs ont toujours employé ces mots dans ce sens; & Bayle lui-même dans son Dictionnaire » la » chair & le sang, c'est-à-dire, les préjugés » & les passions «.

On lit encore dans ces Mémoires secrets;

d'avoir raiſon. Chacun ſent qu'un homme qui ſe poſſede toujours, qui eſt toujours maître de lui-même, ne porte point de jugemens précipités; & qu'il eſt le moins ſujet à l'erreur.

M. de M. ne devoit rien à un Critique qui s'étoit déchaîné *charitable-*

» Vous avez vû, Monſieur, un échantillon » des objections que Gaſſendi fit à Deſcar- » tes. Ce dernier y répondit avec une hauteur » inſuportable : dans les endroits où il vouloit » même affecter d'être poli, on découvre » une vanité extrême ... C'eſt une fanfaro- » nade digne du plus hardi Gaſcon...... » Cela révolte tous les honnêtes gens, & » ternit ſa mémoire. Qui ne ſeroit indigné » de l'air cavalier & ſuffiſant avec lequel il » conclud, &c. Pour mieux ſentir l'imper- » tinence & la fade préſomption qu'il y a » dans ce raiſonnement, &c.

Mais s'il étoit vrai que Deſcartes fût ſi coupable pour n'avoir point aſſez ménagé Gaſſendi; que penſer du M. d'A**. qui ſur des fondemens très-légers, quelquefois ſur des Contreſens, accuſe Deſcartes de *vanité extrême*, de *fade préſomption*, de *hauteur inſuportable*, de *fanfaronade digne du plus hardi Gaſcon*, de *ſuffiſance*, de *fatuité* & d'*impertinence*? On ne ſçauroit être trop circonſpect quand on parle des grands hommes.

ment ; qui n'entendoit point, qui ne voyoit point ; qui disoit avoir vu l'Esprit de la Bulle dans l'Esprit des Loix. Mais il se devoit à lui-même. Il a sçû répondre sans aigreur à des choses dures, à des reproches toujours terribles que font ordinairement ceux qui ne pensent pas à ceux qui pensent. S'il a fait sentir toute sa supériorité, ç'a été seulement par la force des raisons. Un Auteur aussi très-grand, le premier de ce siécle en plus d'un genre, non pas en Jurisprudence & en Politique, un Auteur que cela ne regardoit point, n'a pas été si réservé. Il avoit d'ailleurs à se plaindre du même Critique ; & sa propre cause ne pouvant être plus favorable, il a pris le parti de M. de M. Mais il n'a pas imité sa modération philosophique. Il a adressé à l'*homme charitable* une Lettre (*a*) qui commence à la vérité par une raillerie légere & placée. Les traits ne font qu'effleurer. L'Imagination s'échaufe, ils portent coup ; elle s'allume par dégrés ; elle s'embrâse, & la Lettre finit par un Sarcasme.

(*a*) Remerciement sincere. Voyez la fin de la Lettre.

M. de M. joint à une imagination brillante un jugement profond ; & il ne se permet point les saillies, (*a*).

Où l'esprit brille au dépens de l'esprit.

Par les égards qu'il a eu pour un Critique qui en a manqué, on peut juger de ceux qu'il auroit pour M. D. L. P. qui l'a beaucoup plus loué que critiqué; pour un homme d'esprit qui a bien mérité de la Littérature. Je dois à M. D. L. P. la justice qu'il a rendue à M. de M. & en faisant l'Apologie de l'Esprit des Loix, je dois me conformer aux dispositions que l'Auteur a montrées à l'égard de ses critiques. » Ceux qui nous avertissent sont, dit- » il, les compagnons de nos travaux. » Si le Critique & l'Auteur cherchent » la vérité, ils ont le même intérêt ; » car la vérité est le bien de tous les » hommes ; ils seront des confédérés » & non des ennemis.

Les plus grandes vérités, surtout quand elles sont nouvelles, ont besoin d'être discutées ; & elles y gagnent toujours. L'esprit humain leur fait essuyer

(*a*) Rousseau.

les vicissitudes de sa nature ; & elles sont foibles dans leur naissance. Comme elles dépendent d'un grand nombre de principes ; les habiles gens ne les reçoivent qu'après les avoir envisagées par toutes les faces : ce qui ne se peut faire sans avoir recherché tout ce que l'on peut y objecter. La plûpart des principes qui sont répandus dans l'Esprit des Loix ; & qui tiennent à une infinité d'autres principes, sont des découvertes : quelques uns même semblent Paradoxes. Pour s'assurer si ce sont des vérités ; il étoit nécessaire que l'on rassemblât les plus fortes objections : c'est ce qu'a fait M. D. L. P, & son Ouvrage ne peut qu'être utile. Il renferme ce que l'on peut opposer de plus ingénieux, & de plus frappant. Mais il est juste à présent d'examiner ces objections mêmes ; de rechercher si elles tombent sur une partie essentielle du systême, ou seulement sur quelques endroits de détail, indépendans du fonds même de l'Ouvrage ; si elles font démonstration, ou si ce ne sont que des difficultés proposées qu'il est question de résoudre ; des problêmes plutôt que des solutions M. D. L. P. est bien éloigné d'attaquer tout l'Ouvrage ; il convient que » c'est » un Ouvrage unique, & dans lequel » il n'y aura jamais autant à reprendre » qu'à admirer. Ce sont des images » grandes, nobles, sublimes, qui naiss» sent à chaque instant sous la main de l'Auteur, excitent l'étonnement » des Lecteurs, & font de toutes les » pages de ce Livre comme autant de » magnifiques tableaux. On y trouve » une force d'expressions, une noblesse » de pensées, une abondance de lu» mieres, une profondeur de réflexions » qu'on n'avoit point vûe encore, & » qu'on ne verra peut-être jamais dans » aucun de nos Ecrivains.

Sur tout cela je suis d'accord avec M. D. L. mais je ne le suis pas sur le défaut d'ordre & les contradictions fréquentes qu'il observe. En répondant à ces différentes Observations, je suivrai l'ordre dans lequel elles ont été faites.

PREMIERE OBSERVATION.

ON trouve que l'*obſcurité regne dans le titre même de l'Eſprit des Loix*. On demande, *que ſignifie ce Titre dans le ſens de l'Auteur? M. de M. appelle les Loix*, » *des rapports qui dé-» rivent de la nature des choſes.« L'Eſprit des Loix eſt donc l'Eſprit de ces rapports? Cela eſt-il bien clair? Cela donne-t'il une idée nette de l'Ouvrage?*

RE'PONSE.

Il n'y a qu'à lire le Titre entier; l'Auteur explique dans le Titre même ce qu'il entend par *Eſprit des Loix*. L'Ouvrage eſt intitulé »De l'Eſprit des » Loix, ou du rapport que les Loix » doivent avoir avec la Conſtitution » de chaque Gouvernement, les » mœurs, le climat, la Religion, le » commerce, &c.

L'Eſprit des Loix dans le ſens de l'Auteur eſt donc ce rapport.

Si dans la définition de l'Eſprit des

Loix on ſubſtitue au mot *Loi* la définition même de la Loi ; on formera ſans doute une phraſe louche, mais non pas un ſens louche ; & il ne s'agit ici que du ſens.

Ces mots *Loi*, *Eſprit*, *Rapport*, pris en général, ſans les appliquer à telle Loi, à tel Eſprit, à tel Rapport en particulier, n'offrent que des idées abſtraites, qui ne ſeront jamais *bien nettes*, jamais ſenſibles, parce que ce ſeront toujours des idées abſtraites.

Il en eſt de même de ces Titres l'*Ame du Monde* ou *le Théâtre moral de l'Univers*, qui ſelon M.D.L.P. auroient mieux convenu à l'Ouvrage de M. de M. *Cela* auroit-il été plus *clair* ? *Cela* auroit-il donné *une idée* plus *nette* ? Cela auroit promis davantage ; mais M. de M * * * * a mieux aimé tenir plus que le Titre ne promettoit.

SECONDE OBSERVATION.

Le Livre de l'Eſprit des Loix eſt un Ouvrage *découſu* qui *manque* d'*ordre*, de *liaiſon*, de *méthode*.. Il *eſt diviſé en cinq cens quatrevingt treize Chapitres qui ne servent qu'à y répandre la confusion.... Il n'y avoit qu'à le diviser en cinq parties seulement, & faire voir quelle est la Religion, la Morale, la Politique, la Jurisprudence, le Commerce, qui conviennent davantage à chaque climat, à chaque sorte de Gouvernement.*

REPONSE.

Il s'en faut de beaucoup que la division la plus simple, la plus courte soit la meilleure. Le moyen de mettre dans chaque chose le plus d'*ordre*, & le plus de netteté qu'il est possible, est de diviser en plus de parties qu'il est possible. Plus on distingue de choses dans une idée, moins elle est *confuse*; plus une division est composée, c'est-à-dire, plus il y a de parties dans une division, plus chaque partie est simple.

Les principaux Ouvrages de nos Philosophes sont divisés en un très-grand nombre d'Articles, ou de §. C'est la méthode géométrique, c'est la plus parfaite, celle qui a le plus d'*ordre*, le plus de *liaison*. Le nom de *Chapitres*, joint à un grand nombre, étonne par préjugé ; parce que l'on n'eſt pas accoutumé à voir un grand nombre de Chapitres. Mais les noms ſont ici indifférens ; changez les noms, appellez les Livres de l'Eſprit des Loix des Chapitres, & les Chapitres des Articles ; le nombre ne paroîtra plus exorbitant : M. de M. aura fait en cela comme nos autres Philoſophes.

Au reſte je n'ai garde de déſaprouver la méthode de M. D. L. P. L'arrangement des parties d'un Ouvrage dépend du deſſein, de l'intention générale qu'a eu l'Auteur. D'après ce principe, il ſe peut très-bien que M. de M. & M. D. L. P. ayent eu raiſon tous deux de ſuivre un ordre différent ; puiſqu'il eſt clair qu'ils ont eu des intentions différentes. Ainſi la méthode de l'Eſprit des Loix me paroît être la plus convenable à l'Eſprit des Loix, de même que celle des Obſervations me paroît être celle qui leur convenoit le mieux.

M. D. L. P. eſt conſéquent ; la diviſion qu'il imagine quadre très-bien avec le Titre qu'il a imaginé : *l'Ame du Monde, ou &c.* Mais M. de M. a voulu traiter » de l'Esprit des Loix. Ce dessein une fois déterminé ; la maniere de l'exécuter, ou le plan, la méthode en résulte nécessairement ; & ce plan est précisément celui qui est annoncé dans le Titre, & développé au commencement de l'Ouvrage. On y trouve aussi la raison qui a dû faire préférer cette méthode à toute autre. C'étoit la seule qui convînt à l'Ouvrage & à l'Auteur.

» La Loi en général, dit M. de M. page 12, » est la raison humaine en » tant qu'elle gouverne tous les Peu» ples de la terre ; & les Loix politi» ques & civiles de chaque Nation » ne doivent être que les cas particuliers » où s'applique cette raison humaine.

» Il faut qu'elles se rapportent à la » nature & au principe du gouver» nement qui est établi, ou qu'on » veut établir ; soit qu'elles le for» ment comme font les Loix politi» ques, soit qu'elles le maintiennent » comme font les Loix civiles.

» Elles doivent être relatives au *Phy*» *sique* du Pays, au climat glacé,

» brûlant ou tempéré, à la qualité du
» terrein, à sa situation, à sa gran-
» deur, au genre de vie des Peuples,
» Laboureurs, Chasseurs ou Pasteurs;
» elles doivent se rapporter au dégré
» de Liberté que la constitution peut
» souffrir à la Religion des Habi-
» tans, à leurs inclinations, à leurs
» richesses, à leur nombre, à leur
» commerce, à leurs mœurs, à leurs
» manieres. Enfin elles ont des rapports
» entr'elles, elles en ont avec leur ori-
» gine, avec l'objet du Législateur,
» l'ordre des choses sur lesquelles el-
» les sont établies: c'est dans toutes
» ces vûes qu'il faut les considérer.

» C'est ce que j'entreprens de faire
» dans cet Ouvrage. J'examinerai tous
» ces rapports; ils formeront tout en-
» semble ce que l'on appelle *l'Esprit
» des Loix*.

» Je n'ai point séparé les Loix Po-
» litiquesdes Civiles: car comme je ne
» traite point des Loix, mais de l'Es-
» prit des Loix, & que cet Esprit con-
» siste dans les divers rapports que les
» Loix peuvent avoir avec diverses
» choses; j'ai dû moins suivre l'ordre

» naturel des Loix, que celui de ces
» rapports & de ces choses.

Voilà en très-peu de mots, & sous un seul point de vûe le dessein de l'Ouvrage, le plan, la méthode. Elle consiste dans la distinction, & dans l'enchaînement de ces différens rapports. Et que l'on ne soit point arrêté par leur multitude, si l'on veut connoître un grand nombre de vérités. Les Métaphysiciens font profession de traiter de la meilleure méthode. Consultons-les : ils nous diront (*a*) que » les
» vérités ne sont que des rapports, &
» la connoissance des vérités la con-
» noissance des rapports ; que les vé-
» rités générales ne sont fondées que
» sur les rapports des idées abstraites ;
» & que le seul moyen d'augmenter
» nos connoissances, est de comparer
» ces idées l'une avec l'autre, & de
» trouver leur convenance, leur dis-
» convenance, enfin leurs différens
» rapports «. On sent assez l'application de ces principes à la méthode

(*a*) V. Malebranche de la Méthode, Partie 1. Ch. V. & Locke L. V. C. 12. §. 7.

qu'à ſuivie l'Auteur de l'Eſprit des Loix.

A l'égard de l'ordre, les Loix ayant pour objet de gouverner les hommes ont le rapport le plus direct avec le Gouvernement; puiſqu'elles en font partie. Ainſi M. de M. a commencé & a dû commencer, par examiner la nature & les principes des différens Gouvernemens. Je me diſpenſerai de parcourir toutes les parties de l'Ouvrage, & de montrer les raiſons de l'ordre où elles ſont placées, & la liaiſon qu'elles ont les unes avec les autres; cela me meneroit trop loin. Si je me ſuis même arrêté ſur cette Obſervation, c'eſt que le défaut de méthode m'a paru le principal reproche que l'on puiſſe faire à un Ouvrage philoſophique; & l'Objection étoit d'autant plus importante, qu'elle étoit faite par un Auteur qui a lui-même beaucoup de méthode.

A plus forte raiſon me diſpenſerai-je d'entrer dans le détail des penſées, dans les motifs de leur ordre & de leur enchaînement. Outre que cela ſeroit très-long, & par conſéquent très-ennuyeux ; il me semble que dans un Ouvrage tel que l'Esprit des Loix il suffit qu'il y ait de la méthode en grand : il peut y avoir dans le détail des choses qui paroissent détachées, & qui ne servent qu'à mieux lier tout le systême. Enfin il peut y avoir des raisons qui rendent nécessaires dans un Ouvrage philosophique cette regle de Boileau, qui ne devroit être faite que pour les Poëtes & les Orateurs.

un beau désordre est un effet de l'Art.

DE LA RELIGION.

Mr. De M. a dit en parlant des Etats despotiques : » On abandonnera son pere, on le tuera même, si le Prince l'ordonne ; mais on » ne boira pas de vin s'il le veut, & s'il » l'ordonne : les Loix de la Religion » sont d'un précepte supérieur, parce qu'elles sont données sur la tête » du Prince, comme sur celle des » Sujets ; mais quant au droit naturel, il n'en est pas de même ; le

» Prince est supposé n'être plus un hom-
» me ».

M. D. L. P. observe que la *Religion qui interdit l'usage du vin réprouve aussi le parricide, & que Mahomet en prescrivant à ses Peuples la sobrié-té & la tempérance, leur a défendu en même temps sous des peines encore plus griéves d'être injustes, cruels & inhumains envers leurs peres.*

Si cela étoit, la Loi de Mahomet seroit entiérement opposée à la nature du Gouvernement despotique; car il résulte de la nature de ce Gouvernement, qu'un fils doit tuer son pere quand le Prince l'ordonne. Les hommes y étant tous esclaves, le fils n'appartient pas à son pere, il appartient au Prince; il doit obéir à son maître, & ce maître l'est aussi de la vie du pere : en commandant un parricide, le *Despote* ne passe point les limites de son pouvoir. Je sçais que cela renverse toutes nos idées, toutes celles de la raison, de la nature; mais il n'est pas ici question du droit naturel, puisque le Despotisme est contre la Nature même. La premiere Loi de la Nature est la liberté : à proportion qu vous altérez celle-là, vous altérez toutes les autres : ôtez-la, vous les détruisez.

Dans un pareil Gouvernement si les fils sont obligés d'être soumis à leurs peres, ce ne peut donc pas être par une suite du droit naturel ; ce ne peut pas être non plus par un précepte de Religion, puisqu'elle détruiroit le Gouvernement. Il faut pour cette subordination même recourir à la volonté du Despote ; il est censé avoir confié aux particuliers le soin de leurs enfans : de même qu'il est censé leur avoir confié les maisons qu'ils occupent, & les terres qu'ils cultivent ; & il dépend de lui de faire cesser à son gré une subordination dont sa volonté est le seul mobile. Les peres ne peuvent avoir de droit, de pouvoir sur leurs enfans, qu'autant qu'ils représentent le Despote ; les fils ne doivent d'obéissance, & même d'égard à leur pere, qu'autant que le prince le veut, ou est censé l'avoir voulu. Tous les liens qui subsistent entre les Sujets ne peuvent être que les effets de la volonté du Despote qui les laisse subsister.

Mais les préceptes de la Religion sont toujours indépendans du Prince, parce qu'ils sont toujours censés venir de Dieu même. Ainsi un bon Musulman tuera son pere si le Prince l'ordonne, & ne boira pas de vin quand même le Prince le lui ordonneroit. La Religion Mahométane n'est pas seulement ridicule; elle est vitieuse, en ce qu'elle ne renferme point les Loix naturelles & les vertus humaines mises en préceptes & rendues parlà en quelque sorte divines; elle n'a point la pureté de la morale. C'est aumoins un des plus beaux avantages de la vraie Religion, si ce n'en est point le caractere & la marque.

Le Despote ne pouvant avoir de frein que celui de la Religion, s'il commandoit d'en violer les préceptes, il s'exposeroit lui-même. »La Religion a plus de force dans les Etats des» potiques, comme l'a très-bien reconnu M. de M. » parce qu'elle est la » seule chose que l'on puisse opposer » à la volonté du Prince.

Pourquoi cette puissance étant seule, est-elle plus forte que si elle étoit ac-

compagnée de celle des Loix ?

Par la raison qu'une force étant partagée entre deux puissances, chacune en a moins.

Au reste quoique la Religion ait plus de force dans le Gouvernement despotique, cela n'empêche pas qu'elle n'en ait beaucoup dans les autres Gouvernemens. L'Auteur de l'Esprit des Loix est si peu *d'un sentiment opposé*, qu'il a traité des rapports que les Loix doivent avoir avec la Religion dans chaque Gouvernement.

Mais *il dit expressément* » qu'un » Courtisan se croiroit ridicule dans » une Monarchie d'alléguer au Prince » les Loix de la Religion ». Mais c'est un fait.

L'Auteur est si éloigné d'approuver la maniere de penser des Courtisans, que selon l'Observateur lui-même, il en fait un *portrait affreux*, c'est-à-dire qu'il en parle comme en a parlé la Bruyere. Un homme de la Cour peut sans doute être très-vertueux, & il y en a partout des exemples. Mais on ne dira pas que c'est un Courtisan ; ce nom se prend ordinairement en mauvaiſe part, (a) parce qu'il eſt très-rare que les hommes ſoient honnêtes gens, quand ils ont un très-grand interêt de ne l'être pas.

Racine introduit ſur notre Théâtre Abner *qui dans une Monarchie ne rougit point d'alléguer à ſa ſouveraine Athalie les Loix de ſa Religion.*

Cela eſt vrai, mais Abner n'eſt pas un Courtiſan.

Dans l'endroit cité par M. D. L. P. quand Abner dit à Athalie,

> Hé quoi, vous de nos Rois & la femme & la mere
> Etes-vous à ce point parmi nous étrangere,
> Ignorez-vous nos Loix ?

Il ne lui fait point ſa cour.

De la Religion en général on paſſe aux Religions particulieres, & on *prétend* dès le premier pas, *que l'Auteur s'eſt contredit* : on rapproche des paſſages dont les uns ſont dans le Chapitre intitulé » Que le Gouvernement

(a) V. la Bruyere. Mœurs du ſiecle, C. 8. L'Eſprit des Loix, L. 3. C. 5. & Obſervations. p. 57.

» modéré convient mieux à la Religion » Chrétienne, & le Gouvernement des» potique à la Mahométane », & d'autres se trouvent dans le Chapitre » des Loix civiles propres à mette un » peu de liberté dans le Gouvernement » despotique «.

De la Religion Chrétienne & de la Mahométane.

Je prie les Lecteurs de relire ces Chapitres, & les pages 22 & 23 des Observations. Toute l'objection roule sur la supposition que la *Religion la plus capable de tempérer le pouvoir arbitraire*, c'est-à-dire, de diminuer le Despotisme, *est la plus convenable au Despotisme.* Mais si cette supposition même renferme une contradiction, ce n'est pas l'Auteur de l'Esprit des Loix, c'est l'Observateur qui se contredit.

» Il convient, est-il dit dans l'Esprit des Loix L. XII. Chap. XXIX. » qu'il » y ait quelque Livre sacré qui serve » de regle, comme l'Alcoran chez les » Arabes, les Livres de Zoroastre chez » les Perses, le Vedam chez les In» diens, les Livres classiques chez les » Chinois; le Code Religieux suplée au » Code civil, & fixe l'arbitraire.

» Il n'eſt pas mal que dans les cas » douteux, les Juges conſultent les Mi» niſtres de la Religion. Auſſi en Tur» quie les Cadis interrogent-ils les » Mollachs «.

Tout cela convient pour fixer le pouvoir arbitraire ainſi qu'on vient de le lire, pour mettre un peu de liberté dans le Gouvernement deſpotique ainſi que porte le Titre même du Chapitre. Mais fixer le pouvoir arbitraire, n'eſt-ce pas l'altérer, le détruire? Mettre un peu de liberté dans le Gouvernement deſpotique, n'eſt-ce pas évidemment le rendre moins deſpotique? Tout cela ne convient donc, tout cela n'eſt avantageux que parce que cela eſt contraire au Deſpotiſme.

La Religion Chrétienne eſt ſans contredit la plus propre à adoucir le pouvoir du Deſpote, à mettre de la liberté dans le Gouvernement deſpotique; & c'eſt par cette raiſon-là même qu'elle lui convient le moins, puiſqu'il ne peut ſubſiſter avec elle. Les principes de M. de M. que l'on attaque, loin d'être contradictoires, ſont une ſuite l'un de l'autre.

Je ne puis m'empêcher de remarquer ici combien l'on est redevable à l'Auteur de l'Esprit des Loix. Quoiqu'il n'ait parlé de la Religion qu'en tant qu'elle a rapport à la Jurisprudence & à la Politique, il n'a laissé échaper aucune occasion de prouver l'excellence du Christianisme. Une de ses perfections, que M. de M. a découverte, & que les Théologiens mêmes n'avoient pas encore apperçue parce que pour cela ce n'étoit pas assez d'être Théologien, & qu'il falloit être Philosophe profond & grand Politique; une des perfections de notre Religion est de ne pouvoir s'accorder avec le Despotisme qui sous prétexte de gouverner les hommes, de les conduire, de les éclairer, les dégrade & les enchaîne.

Qu'un Despote soit Chrétien, ses Sujets ne seront plus des esclaves. La Religion les lui fera regarder tels qu'ils sont en effet, comme ses freres, comme des hommes; & il sera le premier à resserrer son pouvoir dans les limites de la nature & des Loix; il sera plus éclairé, il sera meilleur.

Il verra que la véritable grandeur

consiste à être Maître de soi-même ; & se défiant toujours de ses propres passions, il sentira que le plus grand malheur est de pouvoir ce qui est injuste.

Qu'un Despote soit Chrétien ; il cesse d'être Despote, il devient Législateur. En paroissant diminuer son pouvoir, il l'agrandit en effet, il l'annoblit. Il ressembloit à un Chef de Negres ; (a) il va commencer à être Roi. Il ne commandoit qu'à de vils esclaves, il va regner sur des hommes. Plus les Sujets sont heureux, plus ils ont d'élévation dans l'ame ; plus celui qui les gouverne est grand, plus il est heureux. Puisque ce sont les sujets qui constituent le Prince, ce ne peut être que la grandeur, que la puissance, que le bonheur des Sujets, qui fasse la grandeur, la puissance & le bonheur du Prince.

La Religion Mahométane s'accommode mieux à la dureté du Gouverne-

(a) V. L'Esprit des Loix. Liv. 15. Chap. 4. Autre origine du droit de l'eclavage, & Chap. 5. de l'esclavage des Negres.

ment Despotique. Elle peut cependant l'adoucir un peu, y mettre un peu de liberté. Mais la Religion Chrétienne le feroit disparoître entiérement, & le rameneroit bientôt à la modération. Le Gouvernement modéré, le seul qui soit conforme à la nature & à l'équité, est le seul qui convienne à la vraie Religion; elle est un des gages de notre liberté & de notre bonheur. » Chose admirable! dit M. de M. » la Religion Chrétienne qui ne semble » avoir d'objet que la félicité de l'autre vie, fait encore notre bonheur » dans celle-ci ».

Cette réflexion de M. de M. seroit, ce me semble, assez puissante pour arrêter les propos vagues des esprits forts qui se refusent aux choses les plus sublimes, qui ne sçavent point soumettre leur raison, & qui se déchaînent contre la Religion Chrétienne. En leur faisant voir qu'ils jouissent des avantages qu'elle procure, on les apprendroit au moins à la respecter & à se taire.

Tout ce que je dis-là entre bien dans mon sujet, regarde bien l'Apologie de l'Esprit des Loix, mais non pas la Réponse aux Observations ; elles sont pleines des sentimens les plus Orto[d]oxes, & respirent un homme pénétré de la vérité de sa Religion.

Au reste M. l'Abbé D. L. P. ne fa[it] des objections que comme Philosophe & comme homme de Lettres. C'est à ce double Titre qu'il attaque ce Chapitre de l'Esprit des Loix. » Que la Religion » Catholique convient mieux à une » Monarchie, & que la Protestante » s'accommode mieux d'une Républi- » que ». C'est dans ce Chapitre même que je puiserai ma Réponse.

De la Religion Catholique & de la Protestante.

On demande *sur quoi tout cela est fondé* ? On trouve *les preuves*, *les raisons bien singulieres*, elles peuvent n'en être pas moins vraies. Voyons-les.

» Lorsqu'une Religion naît & se for- » me dans un Etat, elle suit ordinai- » rement le plan du Gouvernement où » elle est établie ; car les hommes qui » la reçoivent, & ceux qui la font » recevoir, n'ont gueres d'autre idée » de Police que celle de l'Etat dans le- » quel ils sont nés.

» Quand la Religion Chrétienne » souffrît il y a deux siecles, ce mal» reux partage qui la divisa en Catho» lique & en Protestante, les Peuples » du Nord embrasserent la Protestan» te, & ceux du Midi garderent la » Catholique.

» C'est que les Peuples du Nord ont » & auront toujours un esprit d'in é» pendance & de liberté que n'ont pas » les Peuples du Midi; & qu'une Re» ligion qui n'a point de Chef visible » convient mieux à l'indépendance du » climat que celle qui en a un.

A cela on oppose, *si les Pays du Nord sont devenus Luthériens, si ceux du Midi sont rest s Catholiques, si une par ie de la Suisse est devenue Calviniste, c'est uniquement parce que Luther & Calvin ont p êché leur Doctrine en Suisse & en Allemagne, & qu'ils n'ont poin pénetré vers le Midi de l'Europe. L'un est resté dans son Pays, parce qu'il y trouvoit de la potection, l'autre a quitté le sien parce qu'il n'y trouvoit point sa sûreté.*

Mais pourquoi l'un a-t-il *trouvé de la protection dans son Pays*? parce que ſa *Doctrine* étoit conforme à la Police de l'Etat. Pour quoi l'autre a-t-il été obligé de quitter le ſien ? Pourquoi n'y a-t-il point *trouvé ſa ſûreté* ? Pourquoi s'eſt-il refugié dans un Pays Républicain, pourquoi y a-t'il proſpéré ? Par le principe même que l'on combat, » parce que la Religion Ca» tholique convient mieux à une Mo» narchie, & que la Proteſtante s'ac» commode mieux d'une République.

Si Luther eût débité ſes erreurs en Italie ou en Eſpagne, & que l'Inquiſition n'y eût point été établie, l'Eſpagne & l'Italie ſeroient peut-être Proteſtantes aujourd'hui comme la Saxe & le Brandebourg.

L'Inquiſition ne s'eſt point établie au Nord, » c'eſt que les Peuples du » Nord ont, & auront toujours un » eſprit d'indépendance & de liberté » que n'ont pas les Peuples du Midi.

Si les Pays du Midi ſont reſtés Catholiques, ce n'eſt pas *uniquement parce que* Luther & Calvin *n'y ont pas pénétré;* car ils n'ont pas été dans tous les Pays où *leur Doctrine* ſe trouve établie. L'Italie qui fait partie du Midi de l'Europe & qui est on ne sçauroit plus Catholique, est cependant plus voisine de la Suisse où Calvin préchoit, que les Pays du Nord où sa Doctrine est reçue. Pourquoi le Calvinisme n'a-t'il trouvé des Sectateurs qu'en remontant vers le Nord, & non pas en avançant vers le Midi? N'aurons-nous pas toujours lieu de croire, humainement parlant, que cela vient du climat, d'une certaine indépendance qu'il inspire? Veut-on nous faire changer de sentimens? Nous voyons l'effet; que l'on nous en assigne quelque cause plus vraisemblable.

La Suede, le Dannemark, l'Angleterre, les Electorats de Saxe, de Brandebourg, d'Hanovre formoient-ils des Républiques, lorsqu'ils ont embrassé les nouvelles opinions? Et depuis qu'ils sont devenus Protestans, ont-ils cessé d'être gouvernés par des Souverains?

» Dans les Pays même où la Reli-
» gion Protestante s'établît, les révo-
» lutions se firent sur le plan de l'Etat
» Politique. *Luther* ayant pour lui de

» grands Princes, n'auroient gueres » pû leur faire gouter une autorité ec- » cléſiaſtique qui n'auroit point eu de » prééminence extérieure ; & *Calvin* » ayant pour lui des Peuples qui vi- » voient dans des Républiques, ou » des Bourgeois obſcurcis dans des » Monarchies, pouvoit fort bien ne » pas établir des prééminences & des » dignités.

Les Républiques de Luques, de S. Marin, de Raguſe, ne ſe ſont-elles pas toujours parfaitement accommodées de la Religion Catholique..... Il eſt bien étonnant que parmi les ſept ou huit Républiques que nous avons en Europe, il n'y en ait que deux ou trois qui ayent adhéré aux ſentimens de Luther & de Calvin, tandis qu'elles avoient toutes un ſi grand intérêt à les ſuivre.

De ce que la Religion proteſtante s'accommode mieux d'une République, il ne s'en ſuit pas que toutes les Républiques ſoient Proteſtantes ; il s'en ſuit encore moins qu'elles *ayent grand intérêt* à l'être.

La Religion Catholique leur convient auſſi ; mais elles s'accommodent mieux de la Protestante. C'est surtout dans les grandes matieres qu'il est nécessaire de prendre les termes dans leur précision.

Jusqu'à présent M. D. L. P. a combattu le sentiment de M. de M. mais il se rend à la fin ; *il n'est pas douteux*, dit-il, *qu'un Peuple libre & accoûtumé à l'indépendance, comme sont les Républicains, ne s'accommode toujours mieux de la Religion qui le gêne le moins, & que par cette raison il doit, humainement parlant, préférer la Protestante à la Catholique.* M. de M. n'a rien dit de plus. L'Observateur paroît ici en contradiction, & se trouve avoir tourné ses armes contre lui-même.

Mais c'est pour *tirer une conséquence tout-à-fait opposée à un des principes* de M. de M. & qui, si elle étoit juste, formeroit une contradiction dans l'Esprit des Loix. *S'il est vrai*, dit-on, *que la Religion la plus commode est celle qui s'accorde le mieux avec le Gouvernement le plus libre, il faut* que M. de M. *convienne nécessairement que l'Etat le plus despotique doit être aussi le plus disposé à recevoir la Religion la plus gênante, la plus contraire à nos plaisirs, la moins conforme à nos goûts, à nos penchans, à nos inclinations, en un mot la Religion Chrétienne.*

Il faut avouer que ce raisonnement est très-spécieux; mais il n'est pas conséquent, parce que » les Loix de la » Religion sont données sur la tête du » Prince, comme sur celle des Sujets «. Ainsi la *Religion Chrétienne* seroit aussi la *plus gênante* pour le Despote, la *plus contraire à* ses *plaisirs*, la *moins conforme à* ses *goûts*, *à* ses *penchants*, *à* ses *inclinations*, & dès-lors incompatible avec le Despotisme. *La Religion la plus commode* pour le Peuple, *est celle qui s'accorde le mieux avec le Gouvernement le plus libre :* de même que la *Religion la plus commode* pour le Despote est celle qui convient le mieux au Gouvernement Despotique ; il n'y a point-là de contradiction.

Je remarque au contraire que les principes de l'Esprit des Loix non-seulement s'accordent entre eux parfaitement, mais aussi qu'ils peuvent servir à faire voir l'enchaînement des plus grandes vérités. C'est cet enchaînement même qui forme l'Esprit des Loix. Qu'il me soit permis de suivre ici les traces de M. de M. c'est pour montrer l'excellence & la fécondité de ses principes. Je prens pour exemple celui dont je viens de parler, que » la Religion Catholique convient » mieux à une Monarchie «. Et delà je tire une conséquence bien simple à la fois, & bien lumineuse.

Il est incontestable que le meilleur Gouvernement est celui qui s'accorde mieux avec la meilleure Religion ; & il est incontestable que la meilleure Religion est celle qui convient le mieux au Gouvernement le plus parfait : d'où il suit que (*a*) le meilleur Gouvernement est le Monarchique, puisqu'il s'accorde le mieux avec la Religion Catholique ; & que la meilleure Religion, la seule vraie, est la Catholique, puisqu'elle convient mieux à la Monarchie.

(*a*) L'Esprit des Loix, de l'excellence du Gouvernement Monarchique. ch. 11. liv. 5.

Que de raiſons de nous feliciter ! Que ne devons-nous pas à M. de M. qui nous montre toute l'étendue, toutes les faces de notre bonheur.

»Si je pouvois, dit-il, dans la Préface, » faire enſorte que tout le monde » eût de nouvelles raiſons pour aimer » ſes devoirs, ſon Prince, ſa Patrie, » ſes Loix, qu'on pût mieux ſentir » ſon bonheur dans chaque Païs, » & dans chaque Gouvernement, dans » chaque poſte où l'on ſe trouve; je » me croirois le plus heureux des mortels «.

De la Religion par rapport au climat.

Et moi, je me croirois le plus heureux des mortels, ſi je pouvois contribuer à un ſi beau deſſein, en faiſant l'application des principes de M. de M. au Gouvernement, à la Religion, & au climat dans leſquels nous vivons. Je me croirois le plus heureux des mortels, ſi je pouvois faire ſentir tout le mérite de l'Ouvrage & de l'Auteur.

M. de M. dit dans le Chap. XI. du Livre XXV. » la Religion ancienne » s'accorde avec le climat, & ſouvent » la nouvelle s'y refuſe ». Et il dit Liv. XXIV. Chap. XXVI. » il ſemble, hu-

» mainement parlant, que ce soit le » climat qui a prescrit des bornes à la » Religion Chrétienne & à la Reli- » gion Mahométane «.

On prétend qu'il y a *dans la premiere de ces Propositions une contradiction manifeste avec la seconde. Car qu'on demande à l'Auteur quelle étoit en Asie l'ancienne Religion lorsque celle de Mahomet y prit naissance, il faudra bien qu'il convienne nécessairement que c'étoit la Religion Chrétienne. Donc, selon ses principes, c'étoit à elle, comme étant la plus ancienne, à s'accorder au climat plutôt qu'à la Mahométane. Cependant tout le contraire est arrivé; & la Religion Chrétienne, malgré son ancienneté, faute de pouvoir s'accorder avec le climat, a été obligée de céder sa place à l'autre. Voilà donc le climat qui se déclare présentement pour la nouvelle Religion, au préjudice de l'ancienne, lui qui devoit, il n'y a qu'un moment, préferer toujours l'ancienne à la nouvelle.*

A cela je répons, 1°. Que M. de M. n'a pas dit *toujours*, mais » sou-

» vent la nouvelle s'y refuse ». Il a donc compris, & il a fait comprendre qu'il y avoit quelques exceptions : ainsi un exemple ne prouve rien ; voilà donc encore une contradiction que l'on a crû voir, & qui n'existe pas.

2°. La Religion ancienne d'un Païs n'est pas précisément celle qui y étoit lorsque la nouvelle s'y est établie. Cette Religion qui fait place à la nouvelle peut fort bien n'avoir été dans ce Pays que très-peu de tems, & par conséquent n'y avoir jamais été ancienne.

Et comme tout est relatif, & surtout ce qui consiste en nombre ; quelques siecles peuvent être peu de tems, vû le grand nombre de siécles où certaines Religions, & certaines pratiques Religieuses se sont maintenues dans le même Pays.

3°. Ce qui précede immédiatement la seconde Proposition rapportée par M. D. L. P. me paroît répondre à son Observation.

» Lorsque la Religion fondée sur le » climat a trop choqué le climat d'un » autre Pays, elle n'a pû s'y établir ;

» & quand on l'y a introduite, elle » en a été chassée. il semble, humainement parlant, que ce soit le climat » qui a prescit des bornes à la Religion Chrétienne & à la Religion » Mahométane ».

Est-il possible, se récrie-t'on sur cette même Proposition, *que l'Auteur ait ignoré l'Histoire des six premiers siecles de l'Eglise? Il faut bien le croire sans doute, puisque s'il en avoit eû la plus légere connoissance, il auroit vû que jamais la Religion Chrétienne n'a été plus florissante que dans le temps qu'elle habitoit les plus belles Provinces de l'Asie? .... Est-il un endroit sur la terre où la Religion Chrétienne ait parû avec plus d'éclat, où elle ait produit des fruits plus excellens? ... D'ailleurs est-il un Pays dans le monde qui convienne mieux à la Religion Chrétienne que celui où elle a pris naissance?* Cette objection est une des plus fortes que l'on ait faites contre l'Esprit des Loix; éssayons cependant d'y donner une Réponse solide.

La Religion Chrétienne n'a pas toujours été la même. Elle a varié au moins dans ſes inſtitutions particulieres ; elle a eu ſes viciſſitudes, ſes différences dans différens Pays : comme elle les a encore aujourd'hui dans les différentes parties de l'Europe.

Si on la ſuit depuis ſa naiſſance, ſi on examine ces différences, on verra qu'elles ont toujours été relatives à celle des climats ; il paroît même, humainement parlant, que cet *éclat plus grand* qu'elle a eu quelque temps dans une partie de l'Aſie, que ces *fruits plus excellents* qu'elle y a produits venoient du climat Aſiatique.

Le Monachiſme, par exemple, eſt un de ces fruits excellens ; (*a*) » il eſt » né dans les Pays chauds d'Orient, » où l'on eſt moins porté à l'action » qu'à la ſpéculation.

» En Aſie le nombre des Dervichs, » ou Moines ſemble augmenter avec » la chaleur du climat ; les Indes où » elle eſt exceſſive en ſont remplies. » On trouve en Europe cette même » différence «.

(*a*) V. l'Eſprit des Loix, c. 8. liv. 14. Des Loix dans le rapport qu'elles ont avec la nature du climat.

M. de

M. de M. s'est contenté d'indiquer une cause de l'origine du Monachisme dans les Pays chauds d'Orient. J'en trouve encore une autre qui résulte aussi de ses principes : tant ils sont féconds.

Je remarque que les Solitaires sont nés, que cette séparation de quelques hommes d'avec le reste de la Société a commencé dans ces mêmes climats où les femmes sont aujourd'hui séparées d'avec les hommes.

» Il y a de tels climats (*a*) où le » Physique a une telle force, que la » Morale n'y peut presque rien. Laissez » un homme avec une femme, les » tentations seront des chûtes, l'atta- » que sûre, la résistance nulle. Dans » ces Pays, au lieu de préceptes il faut » des verroux.

Ainsi dans les Pays chauds où la sensibilité pour les plaisirs est extrême, ces hommes qui tendoient à la perfection du Christianisme, ont senti qu'ils ne pourroient parvenir

(*a*) Voyez l'Esprit des Loix, Liv. 16 Chap. 8

à réprimer toutes leurs passions (a) s'ils ne se séquestroient entierement du reste de la Société. Les hermitages & les sérails sont également des barrieres qui séparent un sexe de l'autre, & qui ôtent les occasions du plaisir. Dès qu'ils ont les mêmes effets, ne semble-t'il pas, humainement parlant, qu'ils ont la même cause?

Toute la différence qu'il y a entre les Anachoretes dans les déserts de l'Orient, & des femmes enfermées dans un sérail, différence qui est assurément très-grande; c'est que le Législateur en suivant la disposition du climat qu'il sentoit sans doute & que peut-être il ne voyoit pas, a réduit les unes à la retraite, & leur a fait une

(a) Le *Miroir d'une Ame Pécheresse*, Chap. 4. observe que ceux qui ont les passions les plus vives sont faits pour le Monachisme. *Sciendum quod Mundum debemus fugere propter quatuor, primò enim solent sapientes recedere à loco infecto, & maximè qui vel ægros se sentiunt, vel ægrotaturos se agnoscunt.* Cet Ouvrage est de quelque Chartreux, *à quodam Carturiense éditum.* J'ai entre les mains l'édition qu'Antoine Cailleau un des premiers Imprimeurs-Libraires qu'il y ait eûs à Paris, en donna en 1497.

servitude de la vertu : au lieu que les autres éclairées par la Religion, & reconnoissant eux-mêmes leur foiblesse, ont été leurs propres Législateurs (*a*).

A mesure que le Christianisme s'est éloigné de ces Pays ardents, on a vû aussi l'ardeur de ces austérités diminuer dans le même rapport, parce qu'elles ont cessé d'être si nécessaires. Le Monachisme a quitté les déserts, il s'est répandu dans les Villes ; la vertu qui coûte toujours beaucoup quand elle est extrême, (*b*) a paru natu-

(*a*) » Que dirai-je de la Pénitence & de » la Mortification ? Les Juges n'exercent » pas plus séverement la Justice que les Pé- » nitens l'ont exercée sur eux-mêmes. Bien » plus ! Les Innocens ont puni en eux avec » une rigueur incroyable cette pente prodi- » gieuse que nous avons au péché «. Mr. Bossuet sur l'Histoire universelle. Paris, 1739. p. 335.

(*b*) Les anciens Philosophes se sont bien trompés en assurant que la vertu consiste toujours dans la modération ; car la Religion nous apprend que le Célibat qui est l'Abstinence est infiniment plus parfait que le Mariage ou la Continence. Gardons-nous bien de les blâmer ; sans la Religion nous nous serions trompés comme eux.

rellement devoir coûter moins d'effort dans des Pays plus tempérés.

Considérons encore ces premiers siécles de l'Eglise que l'on oppose. Tandis que ces humains s'armant de toute leur imagination contre elle-même passoient les bornes des perfections humaines, qu'ils s'enfonçoient dans la retraite pour s'élever à celles des Anges, & que s'arrachant au monde pour s'arracher à eux-mêmes, devenus héros spéculatifs, (*a*) nouveau genre d'héroisme, ils s'abîmoient (*b*) dans les méditations sublimes de la Religion Chrétienne;

(*a*) » La Vie de saint Jean-Baptiste qui » parut si surprenante aux Juifs, est devenue » commune parmi les Fideles; les déserts » ont été peuplés de ses imitateurs; & il y » a eû tant de Solitaires, que des Solitaires » plus parfaits ont été contraints de chercher des Solitudes plus profondes. Tant » on a fui le Monde! Tant la Vie Contemplative a été goûtée! Tels étoient les fruits » prétieux que dévoit produire l'Evangile » V. Bossuet dans l'endroit cité.

(*b*) *Bone Deus, hæc omnia fecisti in Abysso; exaudi ergo clamantem de Abysso ad te*, V. August. *Meditat.* 22.

nous voyons cette même Religion moins rigide alors dans ses dogmes à l'égard de ceux qui restoient dans la Société, tolerer, permettre dans ces climats des choses qui sont aujourd'hui défenduës dans le nôtre.

On accordoit plus à la nature ; on pouvoit jouir des avantages du Mariage sans embrasser ses liens. Il a été permis même aux Chrétiens d'avoir des Concubines, & cela non-seulement dans les pays chauds de l'Orient & dans le Berceau du Christianisme, mais aussi dans sa maturité & dans les Pays chauds de l'Europe. Un Concile tenu en Espagne dit expressément, (a) » Celui qui n'a point d'Epouse, & qui » au lieu d'Epouse a une Concubine est » toujours dans la Communion des » Fideles, pourvû cependant qu'il n'ai- » me qu'une femme, soit qu'il l'aime » à titre d'Epouse, ou à titre de Con-

(a) *V. C. Is qui non habet & seq. distinct.* 34. *ubi hæc verba è Concilio Toletano. Is qui non habet Uxorem, & pro Uxore Concubinam habet, à Communione non repellatur ; tamen ut unius mulieris, aut Uxoris, aut Concubinæ sit conjunctione contentus.*

» cubine «. Dans des jours que de grands Théologiens, & d'habiles Jurisconsultes appellent les plus beaux jours du Christianisme; les Loix Civiles (*a*) se sont réunies aux Loix ecclésiastiques & se sont prêtées en quelque sorte à la foiblesse du climat. Depuis on a changé ces usages qui se sont trouvé des abus; mais c'est en s'éloignant des climats brûlans, c'est dans des Pays plus calmes que la Doctrine chrétienne elle-même s'est épurée, & qu'elle a par dégrés atteint le point de perfection où elle est aujourd'hui parmi nous.

Dès qu'une fois elle y est parvenue, elle s'y est fixée; la pureté du Christianisme est partout nécessaire, je le sçais, dans les sables brûlans de la Syrie comme dans les glaces de la Norvege. Mais si l'on veut remonter à la source & à l'origine de cette perfection, l'Histoire nous la montrera toujours sous un ciel tempéré, & surtout dans notre climat & sous nos Rois.

(*a*) Voyez les Novelles de Justinien, *passim. V. de veteri ritu Nuptiarum & de jure connubiorum. Brisson. Anton. & Franc. Hotman. An Christianis Concubinas habere liceat.*

Tant qu'a duré l'Eglise d'Orient, elle a toujours été moins parfaite, ou moins austere à l'égard des Ministres mêmes de la Religion, que leurs fonctions obligeoient de vivre dans la Société. Dans un des plus fameux Conciles (*a*) où toute l'Eglise étoit assemblée, on agite beaucoup la question si les Ordres sacrés sont compatibles avec le Mariage ? L'Orient & l'Occident se partagent. Tous les Ecclésiastiques de l'Afrique, de l'Asie, &c. embrassent l'affirmative ; mais ceux des Pays froids & tempérés qui formoient l'Eglise d'Occident, ceux de la Germanie & des Gaules s'offrent d'eux-mêmes, vont au devant du précepte, & se dévouent sans réserve à la chasteté (*b*). L'usage est resté différent à cet égard dans les même tems, mais dans différens climats.

(*a*) C. *Cum in præterito*. Dt. 84. *& syn. Nicen*. D. 30.

(*b*) V. *Baron. Annal.* V. l'Histoire Ecclésiastique. V. *Tractat de mundit. & castitate Sacerdotum ac cæterorum Ministrorum altaris*. C. 28. *Quomodo Occidentalis Ecclesia devovit castitatem in Nicenâ Synodo.*

Nous avons un ancien Traité de la chasteté des Prêtres & autres Ministres de l'autel, imprimé à Paris à la fin du quinziéme siécle. » On voit, y est-il dit dans le Chap. 28. (*a*) » que l'E- » glise Occidentale, quant à l'obser- » vance de la chasteté, doit être en- » tierement distinguée de celle que l'on » appelle Orientale ; car cette derniere » n'exige point la chasteté dans ses Mi- » nistres ; mais elle peut impunément » & librement jouir du mariage. Ce- » pendant après que les Ministres de » cette même Eglise sont parvenus » aux ordres sacrés, il ne leur est plus » permis de prendre d'Epouses, & à » compter de ce temps, s'ils n'en ont » point prises, ils sont obligés à » une perpétuelle continence. Celui

(*a*) *Ibid. eod. Cap. Ex precedentibus autem apparet Occidentalem Ecclesiam ab eâ quæ Orientalis dicitur, quoad observantiam castitatis omninò distingui. Orientalis enim Ecclesia in suis Ministris castitatem non servat, sed matrimonio impunè ac liberè uti potest. Postquam tamen ejusdem Ecclesiæ Ministri ad ordines sacros sunt promoti, amplius sibi uxores copulare non possunt, sed ex tunc, si jam copulatas non habeant, ad servandam*

» donc qui dans une telle Eglise ne se » sent point la force de se contenir, » s'il aspire néanmoins à l'ordre sacré, » n'a qu'à prendre femme avant de » monter à un tel ordre *C. Si quis eo-* » *rum. dist.* 22. *& C. cum olim. de Cle-* » *ricis conjugatis.* Mais dans notre » Eglise que nous appellons Occiden- » tale, parce que nous sommes nous- » mêmes Occidentaux & placés dans » les parties de l'Occident, il est tout- » à-fait illicite à tout Clerc constitué » dans les ordres sacrés, de contrac- » ter un Mariage, ou de faire usage » de celui qu'il auroit auparavant con- » tracté parce que les Ministres de » l'autel, suivant la Constitution de » cette même Eglise, sont obligés à » la continence & à la chasteté. *C. Mi-* » *nist. dist.* 81.

perpetuam continentiam alligantur. Qui igitur in Ecclesiâ illa continere non valet, si ad ordinem sacrum cupit ascendere; priusquàm ad talem ordinem ascendat, uxorem accipiat. Si quis eor. dist. 32. *&* C. *cum olim. De Clericis conjugatis: sed in Ecclesiâ nostrâ quam Occidentalem appellamus, cum & nos Occidentales sumus, scilicet in partibus constituti, nequaquam licitum est,* &c. Dans le

Par le même principe les Occidentaux ont été plus austeres dans le siécle & au milieu des écueils; & les Orientaux l'ont emporté dans la solitude, & ont été plus loin dans la spéculation. Les Saints qui dans des Pays où l'imagination est moins bouillante se sont livrés à la vie mistique, ont éprouvé des tiédeurs, & se sont quelquefois senti froids eux-mêmes comme le climat (*a*). Ainsi les avantages des climats sont compensés, ainsi chaque Eglise, chaque partie du Monde a contribué à affermir le *Catholicisme* qui s'est formé de l'assem-

Chapitre suivant on cherche les causes & les raisons de cette perfection Occidentale. C. 25. *Causæ & rationes quibus mota fuit Ecclesia Occidentalis castitatem in suis Ministris devovere & se uxoribus matrimonialiter minimè copulare... Prima est quia, ut dicitur in C. quod ad te. de Cler. conjugatis; aliquis simul voluptatibus vel carnalibus desideriis, & divinis officiis, seu eclesiasticis Ministeriis, congruè vacare non potest; non enim benè convenit Psalterium cum citharâ.*

(*a*) *Tepui & frigui à fervore Orationis, & jam sine sensu frigidus remansi. Bernard. Méditat.*

blage des perfections les plus haute que la Nature avoit dispersées dans l'Univers.

Dans tout cela je ne rapporte que des faits ; il en est du principe du climat découvert par M. de M. comme de celui de l'Attraction confirmé par M. Newton. Ce ne sont que des faits raprochés ; tout le mérite consiste à s'être appeçu de leur rapport, à l'avoir saisi. Ce sont des raisons humaines, des causes éloignées ausquelles chacun peut appliquer telle autre cause plus prochaine qu'il jugera à propos. M. de M. ni M. Newton n'ont pas dit que tout cela n'étoit pas de l'impulsion ; ils ont dit seulement que tout cela étoit.

Le morceau de Poësie que cite (a) M. D. L. P. & où il n'est parlé que de Martyrs, me paroît contre lui-même. Les persécutions que la Religion chrétienne a essuyées *dans les plus belles Provinces de l'Asie* ne prouvent pas qu'elle *s'accorde mieux avec ces climats*. C'est comme si quelqu'un di-

(a) Observations, pag. 38 & 39.

ſoit, l'air d'un tel Pays me convient le mieux, c'eſt mon air natal : il eſt vrai que j'y ai beaucoup ſouffert, & qu'ailleurs je ſuis tranquille ; il eſt vrai que j'y ai éprouvé mille maux, mais je les ai ſupportés avec une conſtance admirable.

Mais rien n'eſt plus biſarre, rien n'eſt plus inconſtant que le climat, celui du Jourdain voulut eſſayer de toutes les Religions.

Il ſera toujours vrai-ſemblable que celles qui y ont ſubſiſté le moins lui convenoient le moins ; & cette vrai-ſemblance deviendra une preuve humaine, ſi la raiſon nous montre que les tempéramens qui réſultent de ce climat ſont des plus contraires aux Préceptes de ces mêmes Religions.

On dira donc la Religion d'Eté, la Religion d'Hiver.

A Dieu ne plaiſe que l'on tienne jamais un pareil langage : on ne dira pas non plus la Religion d'Europe, la Religion d'Aſie.

La véritable Religion, celle dont la morale eſt la plus pure, celle qui apprend chaque homme à être heureux & à contribuer au bonheur des autres, est, je le répete, de tous les Pays & de tous les temps. Il seroit à désirer qu'elle regnât seule dans l'Univers : mais il n'en est pas moins vrai que certains points de cette morale toute-sainte sont plus difficiles à observer dans certain climat, dans certaine saison.

L'Hiver on est naturellement plus porté à l'intempérance, & l'Eté à l'incontinence. C'est delà que les Anciens partageoient l'année entre Bacchus & Vénus ; il est le Dieu de l'Hiver, & de l'Automne ; elle est la Déesse de l'Eté & du Printems.

Te, Dea, te fugiunt Venti, te Nubila Cæli,
Adventumque tuum : tibi suaves Dædala Tellus
Summittit Flores. Tibi rident æquora Ponti,
Placatumque nitet diffuso lumine Cælum.
Nam simul ac species patefacta est Verna Diei
Et reserata viget Genitabilis aura Favoni
Aeriæ primùm Volucres te, Diva, tuumque
Significant initum, perculsæ Corda tuâ vi :

Inde feræ Pecudes persultant pabula læta
Et rapidos tranant amnes ; ita capta lepore
Illecebrisque tuis omnis Natura Animantûm
Te sequitur cupidè, quo quamque inducere pergis.
Denique per Maria ac Montes Fluviosque rapaces
Frondiferasque domos Avium, Camposque virentes
Omnibus incutiens blandum per Pectora Amorem
Efficis ut cupidè generatim Sæcla propagent.

(*a*) Déesse dont l'aspect dissipe lès Nuages,
La Terre est sous vos Loix, lès Fleurs sont ses hommages.
Neptune menaçant, vous regarde & sourit ;
Et le Ciel devant vous s'appaise & s'éclaircit.
A peine du Printems on voit briller l'Aurore,
L'haleine du Zéphir ouvre le sein de Flore ;

(*a*) Persuadé que la Poësie ne sçauroit être rendue que par la Poësie, j'ai crû devoir essayer de traduire en vers ce beau morceau de Lucrece.

Les Oiseaux dans les airs chantent votre retour,
Et leurs tendres accens sont la voix de l'Amour.
Les Troupeaux indomptés, loin des Forêts profondes,
Bondissent dans la plaine, & traversent les ondes;
La Nature égarée au gré de vos appas
Respire Vénus même, & suit partout vos pas.
Vous embrâsez les Mers, les Fleuves, les Montagnes;
Vous regnez dans les bois, dans les vertes campagnes;
Et répandant partout l'Amour & ses désirs,
Vous ranimez le Monde ouvrage des Plaisirs.

Si l'Europe n'est pas Mahométane comme l'Asie, c'est que Mahomet étoit en Asie & non pas en Europe. Cette raison est naturelle & vraie.

Ce n'est pas-là une raison; car 1°. Mahomet n'a pas été dans tous les Pays où l'on est Mahométan. 2°. Il s'ensuivroit que s'il fût venu en Europe nous ſerions Mahométans. M. D. L. P. rejetteroit bien loin cette conſéquence ; il faut donc qu'il abandonne le principe.

Mais comment peut-on tirer cette prétendue raiſon de la nature & des vérités reçues ? Comment ! de ce qu'un homme eſt né dans un Pays, de ce qu'il y habite, s'enſuit-il que l'on doive néceſſairement y recevoir toutes ſes opinions particulieres ? Si cela étoit, il n'eſt point de Contrée où toutes les Sectes ne ſe trouvâſſent confondues, non-ſeulement toutes celles qui exiſtent, mais même toutes les Sectes poſſibles ; car il n'eſt point de Contrée où les opinions les plus extravagantes n'ayent eû quelque Partiſan.

Elles ne réûſſiſſent que quand elles ſimpatiſent avec le climat, c'eſt-à-dire, quand les hommes qui vivent dans ce climat ont interêt de les recevoir. *Cette raiſon eſt naturelle & vraie.* Ainſi » l'opinion de la Metempſicoſe (a) eſt faite pour le climat

(a) V. l'Eſprit des Loix, L. XXIV. Ch. XXIV. & les Obſervations, p. 42.

» des Indes. L'excessive chaleur brûle » toutes les campagnes, on n'y peut » nourrir que très-peu de bétail ; on » est toujours en danger d'en manquer » pour le labourage, les bœufs ne s'y » multiplient que médiocrement, ils » sont sujets à beaucoup de maladies : » une Loi de Religion qui les conser- » ve, est donc très convenable à la » Police du Pays.

Pythagore que l'on regarde comme le premier Auteur du sentiment de la Métempsicose, (*a*) *ne pensoit peut-être guères à tout cela*, non plus que *Moyse à la santé de ses freres lorsqu'il leur défendit du manger du Cohon.*

L'objet général des Loix est l'utilité des hommes. N'est-il pas évident que le Législateur l'a eu cet objet, lorsqu'il l'a rempli, lorsqu'elles sont utiles au Pays où il les a établies ? Peut-on attribuer au hazard une chose qui suppose un dessein ?

Un précepte de Religion peut très-bien être un précepte de Santé. Ce

(*a*) Pythagore n'est pas le premier Auteur de la Métempsicose. V. Histoire Critique de la Philosophie. L. III. Chap. XIII. Art. 7.

ſera deux biens à la fois, & nous y trouverons le ſalut du corps & de l'ame. Pluſieurs Médecins Catholiques (*a*) ont remarqué que le Carême, le jeûne, ces inſtitutions divines, étoient encore de très-bonnes inſtitutions humaines.

Je croirois manquer à l'Apologie de l'Eſprit des Loix, & à ma propre défenſe, ſi je ne faiſois voir dans cet Article, que le principe du climat ne peut bleſſer en rien la Religion Catholique; qu'il eſt prouvé par des uſages qui ſubſiſtent actuellement dans les Pays où on la profeſſe; enfin qu'il a été entrevû par pluſieurs Docteurs, & même par des Théologiens Catholiques, puiſqu'ils ont poſé des Maximes qui ſont évidemment les conſéquences de ce principe, & des Maximes qui en ſont les Prémices.

Il eſt inconteſtable que tous les tempéramens ne ſont pas les mêmes, que des Hommes naiſſent plus ou moins vifs, qu'ils apportent en naiſſant des diſpoſitions plus ou moins

(*a*) V. entr'autres M. Le Long contre le Docteur Fucce Médecin Proteſtant.

fortes à certaines passions. Il est aussi incontestable, que suivant cette différence on a naturellement plus ou moins de peine à pratiquer les vertus morales, & à recevoir les Loix soit divines, soit humaines, soit Civiles, soit Politiques, qui obligent à la pratique de ces vertus. Je pourrois me contenter de l'évidence de ces propositions, & je serois autorisé à en conclure qu'elles ne choquent point la Religion : car les Vérités ne sçauroient se nuire. Mais allons plus loin.

Dans quelque Pays que ce soit, il y a des tempéramens de toute espece : prenons les deux extrêmes, les uns chauds & impétueux, & d'autres froids & tranquilles. Les uns sont en plus grand nombre dans les Pays chauds, & les autres dans les Pays froids. Dans ces derniers la Nature a plus de besoin, il est plus difficile d'être sobre ; l'intempérance, l'yvrognerie sont plus communes. Dans les premiers l'imagination est plus sensible, & donne plus de prise à l'amour ; la Continence, la Chasteté y sont plus rares. Ainsi les mêmes vices sont plus ou moins excusables selon la différence du tempérament, & par conséquent du climat, quoiqu'ils soient toujours des vices. Les mêmes vertus sans cesser d'être des vertus sont à différens hommes, à différentes Nations, plus ou moins *méritoires*; c'est le langage de tous les Théologiens.

Il résulte cependant de ce langage que la Religion qui défend l'usage du vin, qui permet celui des femmes doit trouver, (humainement parlant,) un plus grand nombre de Partisans dans les Pays chauds; & que celle qui exige la chasteté la plus parfaite doit y trouver le plus d'obstacles. C'est précisément tout ce qu'a dit M. de M. voilà tout le principe du climat. On voit donc que loin de blesser la Religion, il est conforme à la saine Théologie.

Que sont devant Dieu tous ces obstacles humains? Ils ne peuvent servir qu'à faire éclater toute sa puissance. Eh! quel parti n'en ont point tiré tous les grands hommes de l'Eglise? C'est par les obstacles qu'elle a eu à surmonter, qu'ils ont sçû prouver qu'elle étoit l'ouvrage de Dieu-même.

Douter que le climat influe sur les mœurs, & par conséquent sur l'observance de la Religion, ce seroit ignorer entièrement l'Histoire. Les Historiens, les Voyageurs nous parlent tous de cette multitude de femmes publiques que l'on souffre en Esgne, en Italie, & même à Rome, au centre de la Catholicité. Elles y ont un quartier à part & des Loix particulieres ; elles y forment un Corps, une Communauté : ce que l'on ne trouve dans aucun Pays froid, ni même dans les Pays tempérés de l'Europe. Les Législateurs sacrés n'ont-ils pas été obligés de descendre à ces vûes profanes ? Pour empêcher des vices affreux, n'ont-ils pas été obligés de tolérer dans les Pays chauds ceux de la nature ?

Envain quelques Papes animés d'un saint zéle ont-ils fait les plus grands efforts pour abolir les Courtisannes, (on appelle ainsi à Rome les femmes publiques ;) ils les ont bientôt rappellées eux-mêmes ou du moins souffertes, non sans gémir sur l'ascendant prodigieux qu'ont les passions sur l'humanité. Elles ressemblent à ces fleuves profonds & rapides qui sortent de leur lit dans quelques endroits: si on veut les y resserrer, si on leur oppose des Digues, ils les rompent, se répandent dans la campagne, & font les plus violens ravages. L'expérience ce grand Maître de l'homme nous a appris que l'excès de la Vertu produisoit dans quelques circonstances l'excès du vice; elle nous a appris que l'interêt même de la Religion exigeoit que les Loix Civiles y dérogeâssent quelquefois.

Je ne dis-là rien qui n'ait été dit par des Théologiens habiles & Ortodoxes; & ce n'est point une morale nouvelle. Remontons à la source de l'Imprimerie & de notre Littérature; nous trouvons dans le quinziéme siécle un Traité des regles & des maximes (*a*) où Jean de Gerson, Prêtre Docteur, & Chancelier de l'Eglise Cathédrale de Paris se propose

(*a*) *Tractatus Magistri Joannis de Gersonno Cancellarii Parisiensis, de regulis Mandatorum, qui stingit conclusionum processu ferè totam Theologiam practicam & moralem.*

de renfermer dans un ordre Mathématique presque toute la Théologie pratique & morale. Il décide expressément que les Loix doivent être plus ou moins rigides à l'égard de certains vices selon les Pays, & les tems : il pose cette maxime très-judicieuse qui a été depuis si souvent répetée (*a*) que » dans toute société » l'on peut, & l'on doit tolérer les » vices que l'on ne sçauroit empêcher » sans un plus grand péril. Il est diffi» cile, continue-t'il, & souvent impos» sible, de donner la-dessus des regles » générales, parce que cela dépend » des circonstances particulieres. C'est » aux Prélats supérieurs, & aux Sages

(*a*) *In omni Republicâ tolerari possunt aut debent vitia quæ absque deteriori periculo neque corrigi, neque exstirpari valent. Quando autem illud esset, quando non, difficile est & sæpè impossibile generaliter definire nisi prout circonstantiis particularibus inspectis Prelati superiores & Sapientes determinabunt. Perindè est de Meretricibus, usuris, & consimilibus quæ quandoque permittuntur : & ita de concubinariis Sacerdotibus pro loco & tempore staret fortè faciendum. ibidem.*)

» à déterminer les cas ; il en est ainsi » des femmes publiques, des usures » & autres choses semblables que l'on » permet dans quelques endroits ; & » peut-être seroit-il à propos d'en faire » re de même selon les Pays & selon » les temps à l'égard des Prêtres qui » ne seroient pas aussi chastes que » l'exige la Sainteté de leur Ministere». C'est ainsi que je crois devoir traduire *Sacerdotes Concubinarii.*

Que l'on n'aille point s'imaginer que cet Auteur soit un Casuiste relâché ; si on peut lui faire quelque reproche, c'est plutôt d'avoir porté trop loin le scrupule sur ces matieres, comme on peut s'en convaincre par le Titre même d'un autre de ses Ouvrages imprimés (*a*).

C'est un des Docteurs les plus austéres, un des Prêtres les plus sages, enfin un des hommes ausquels on attribue l'Imitation de J. C. Livre d'u-

(*a*) *Eximii in sacrâ paginâ Doctoris Joannis de Gersonno Ecclesiæ Parisiensis quondam Cancellarii dignissimi Tractatus de pollutione nocturnâ, an impediat celebrantem, an non?*

ne simplicité admirable. Cet homme cependant ne balance point à assurer que les lieux, les Pays rendent nécessaire la tolérance de certains vices. La même chose a été dite après lui par un nombre presqu'infini de Casuistes. Que l'on ne soit donc pas allarmé du principe du climat : s'il pouvoit être dangéreux, ce seroit par les conséquences ; mais les plus fortes, les seules importantes sont admises depuis trèslong-temps & reconnues presqu'universellement.

Les Livres saints dans lesquels on trouve toutes les vérités ou dévelopées ou renfermées encore dans leur germe, nous parlent toujours de la prédilection du Seigneur pour certain Pays, pour certaine Nation. Qu'est-ce que la terre promise, sinon un climat où Dieu avoit attaché les plus grands bienfaits ? David considérant les faveurs particulieres dont la Judée avoit été comblée, ne se récrie-t'il pas, *Dieu n'a point également partagé toutes les Nations.*

Mais nous, à regarder ce partage tel qu'il subsiste actuellement, que de graces n'avons-nous pas à rendre à l'Etre ſuprême qui nous a placé dans un climat tempéré où les vertus ſont en quelque ſorte naturelles, où l'on peut parvenir plus facilement au point de perfection que demande la Religion Chrétienne ! *Non fecit taliter omni Nationi.*

M. D. L. P, je ne ſçaurois aſſez le répéter, n'a employé que des raiſons purement Philoſophiques ; auſſi en démontrant toute l'*Ortodoxie* du principe du climat, je ne répons point à ſes Obſervations, mais je juſtifie les Réponſes que j'ai données, & je démontre de plus en plus que les ſentimens dont je fais l'Apologie ſont irréprochables à tous égards, & ne choquent aucune des choſes reçues.

Par-là je répons à la *ſuite de l'Examen critique* où l'on entreprend de répliquer à la défenſe de l'Eſprit des Loix. Dans cette réplique, il n'y a aucune objection que je n'aye réfutée dans cet article. Mais le Critique anonyme prend par tout un ton trop emporté pour que j'aye crû devoir lui répondre directement. Quel zéle pour la Religion que de s'attacher à prouver que tous les grands hommes n'en ont point ? Qu'il est différent de celui des Peres de l'Eglise qui prenoient pour des Chrétiens tous les Philosophes vertueux, & qui justement touchés de de la Morale de Platon présumoient que Dieu l'avoit éclairé, & l'avoit appellé à lui du sein même du Paganisme ; ils présumoient que les vérités de notre Religion lui avoient été révélées avec les vérités morales qui en sont inséparables. Par tout où ils trouvoient de la douceur, de la modération, de l'humanité ils croyoient voir les traces du Christianisme.

Observation particuliere.

M. D. L. P. *finit l'Article* de la Religion *par des propositions* tirées de l'Esprit des Loix qui *n'ont pas un rapport bien direct avec le climat, mais qui renferment*, selon M. D. L. P. *des contradictions qu'il ne lui est pas possible de dissimuler.*

Il rapproche ce qu'a dit l'Auteur dans le premier Chap. du Liv. XXIV.

» La Religion Chrétienne qui ordonne » aux hommes de s'aimer veut sans » doute que chaque Peuple ait les » meilleures Loix Politiques & les » meilleures Loix Civiles «, & ce que l'Auteur a dit L. XXII. Chap. VII. » Lorsque l'Etat est satisfait d'une Re- » ligion déja établie, ce sera une très- » bonne Loi Civile de ne point y » souffrir l'établissement d'une autre.

De ces deux Propositions, l'Obser- vateur *forme ce raisonnement. La Religion Chrétienne veut que chaque Peuple ait les meilleures Loix Politiques & les meilleures Loix Civiles. Or est-il que c'est, selon l'Auteur, une tres-bonne Loi de ne pas souffrir à Constantinople, par exemple, d'autre Religion que celle de Mahomet, puisque l'Etat en est satisfait : donc pour obéir à la Religion Chrétienne, il faut être Mahométan à Constantinople.*

1°. La premiere raison qui a fait mettre à l'Auteur de l'Esprit des Loix la premiere Proposition, me fait répondre qu'un Etat ne peut être parfaitement satisfait que de la Religion Chrétienne; ainsi point de contradiction.

2°. La Religion Chrétienne veut que chaque Peuple ait les meilleures Loix Civiles; mais elle veut avant tout que chaque Peuple soit Chrétien; elle est la seule Religion. Toutes les sectes qui usurpent ce nom sont toujours étrangéres dans l'Univers.

» La Religion Chrétienne qui or» donne aux hommes de s'aimer, veut » que chaque Peuple ait les meilleures » Loix Politiques & les meilleures Loix » Civiles, parce qu'elles sont *après Elle* » le plus grand bien que les hommes » puissent donner & recevoir ».

1°. L'argument de M. D. L. P. est autant contre M. Bossuet que contre M. de M. Le sçavant Evêque de Meaux convient que c'est une très-bonne maxime politique d'empêcher les nouveautés dans la Religion en général: mais il fait voir en même tems que cette maxime doit demeurer sans application à l'égard de la Religion Chrétienne (*a*) dont le caractére est la

(*a*) Voyez le Discours sur l'Histoire universelle, p. 405. & suiv.

douceur. M. de M. n'a-t'il pas fait la même chose? N'a-t'il pas dit: » sur » le caractére de la Religion Chré- » tienne, & celui de la Mahométa- » ne, l'on doit sans autre examen » embrasser l'une & rejetter l'autre ».

Ces mots *sans autre examen*, ne montrent-ils pas bien clairement que ce n'est point au Christianisme que l'on doit appliquer » le principe fon- » damental des Loix Politiques en fait » de Religion « qui se trouve dans l'Esprit des Loix L. X. Ch. XXV. & que voici: » Quand on est maître de re- » cevoir dans un Etat une nouvelle » Religion ou de ne la pas recevoir, il » ne faut pas l'y établir «.

D'ailleurs ces mots *quand on est maître*, rendent encore cette maxime sans application à la Religion Chrétienne qui tient son empire de Dieu même, & qui est infiniment supérieure à toutes les puissances humaines. C'est malgré elles, c'est en triomphant de la Politique humaine, que le Christianisme s'est établi; & M. Bossuet qui nous le fait remarquer, en conclut que Dieu agissoit dans cet Ouvrage.

» Un plus grand intérêt ; dit il, en parlant des différens obstacles qui s'opposoient à l'établissement de notre Religion, » un plus grand intérêt va re» muer une plus grande machine. L'in» térêt de l'Etat va faire agir le Senat, » le Peuple Romain & les Empereurs.

» Il y avoit déja long-tems que les » Ordonnances du Senat défendoient » les Religions étrangeres. Les Empe» reurs étoient entrés dans la même » politique ; & dans cette *belle* déli» bération où il s'agissoit de réformer » les abus du Gouvernement, un des » principaux réglemens que Mécænas » proposa à Auguste fut d'empêcher » les nouveautés dans la Religion qui » ne manquoient pas de causer de » dangéreux mouvemens dans les Etats. » La maxime étoit *véritable* : car qu'y » a-t'il qui émeuve plus violemment » les esprits, & les porte à des excès » plus étranges ?

LA MORALE.

JE ſerai plus court ſur cet Article, & encore plus court ſur les Articles ſuivans. Comme la Morale fait la principale partie de la Religion, il n'etoit guéres poſſible que je ne renfermâſſe dans le précédent bien des choſes qui ont rapport à celui-ci. Morale, Religion, Politique, Juriſprudence, quatre grands objets qui rentrent l'un dans l'autre.

De la Vertu. Auſſi ce qui eſt moral dans les Obſervations eſt politique dans l'Eſprit des Loix. L'Auteur a recherché les principes des divers Gouvernemens, & il a trouvé que la crainte eſt le principe du Gouvernement Deſpotique, l'honneur celui du Monarchique, & la VERTU celui du Républiquain.

L'Auteur s'eſt expliqué ſur ce qu'il entendoit par *vertu*, il a déclaré L. III. Chap. V. qu'il parloit » de la vertu » politique qui eſt la vertu morale en

» tant qu'elle se dirige au bien géné-» ral «. De-là il suit que la vertu dans le sens de l'Auteur est l'amour de la Patrie, de la République, & que cet amour est celui de l'égalité & de la frugalité, conséquences que l'Auteur a aussi développées (*a*). Mais il ne s'ensuit pas, ainsi que le prétend l'Observateur, qu'il n'entende *ni la probité, ni la justice, ni la bonne foi, ni toutes les qualités qui font l'honnête homme.* Il est clair au contraire, d'après les expressions mêmes de l'Auteur, qu'il comprend toutes ces qualités en tant qu'elles sont des vertus morales, & qu'en même temps elles se dirigent au bien général, deux choses nécessaires pour former la vertu politique.

Ce ne sont pas les actions, c'est leur motif qui fait la vertu. Un homme est juste parce qu'on le puniroit s'il ne l'étoit pas, il n'est pas vertueux : un autre pour obtenir des distinctions,

(*a*) Voyez L. V. Chapitre » Ce que c'est » que la vertu dans l'Etat Politique «. Ce que » c'est que l'amour de la République dans la » Démocratie «. Comment on inspire l'a-» mour de l'égalité & de la frugalité «.

il n'eſt pas vertueux non plus, l'homme vertueux eſt celui qui eſt juſte, parce qu'on doit l'être : en un mot le caractère de la vertu eſt d'être entiérement indépendante de tout ce qui n'eſt pas elle.

Quand on a une fois bien compris cela, on ne trouve pas de contradiction dans tout ce que dit à ce ſujet l'Auteur de l'Eſprit des Loix, pas même de paradoxe ; on voit que tout y eſt vrai & naturel, & qu'il n'y a rien dont on puiſſe s'offenſer.

On raſſemble, *Obſerv.* p. 51 & 52 quelques propoſitions diſtribuées chacune à leur place dans différens Chapitres de l'Eſprit des Loix. On dit enſuite, *pour peu qu'on y veuille réflechir, on ſentira bientôt la fauſſeté de toutes ces propoſitions* ; & moi je dis, on en ſentira bientôt la vérité. L'Auteur de l'Eſprit des Loix l'a prouvée dans les Chapitres mêmes dont on a tiré ces Propoſitions. Voyez Chap. III. V. & VI. du Liv. III. & Chap. III. du Liv. IV.

Mais on lui fait dire que la vertu eſt *l'amour de l'Etat, l'amour du Gou-*

vernement en général. Où l'a-t'il dit ? Et cela seroit absurde ; car de même qu'il y a de très-bons Gouvernemens, à commencer par celui dans lequel nous vivons, il y en a de très-mauvais ; ne fut-ce que chez les Cannibales. Dans ces derniers, pour être vertueux il faudroit donc être injuste & barbare.

Il semble que l'on a confondu l'amour de la Patrie & l'amour de l'Etat, du Gouvernement ; ce qu'il est nécessaire de distinguer, puisque cela se trouve quelquefois opposé ; par exemple, l'amour de la Patrie, & l'*amour du Despotisme.* Quoi de plus opposé qu'un homme qui aime la Patrie, & celui qui aime qu'elle soit esclave.

Mais si la vertu dans une République est l'amour de la République, *la vertu dans le Gouvernement Despotique est donc aussi l'amour du Despotisme.*

La République & le Despotisme sont deux choses très différentes ; on ne peut donc conclure de l'une à l'autre.

La vertu dans une République est l'amour de la République, parce que cet amour est la même chose que celui de la Patrie, ainsi qu'on peut le voir dans tous les Historiens qui ont employé indifféremment l'une ou l'autre de ces dénominations. Nous en sommes nous-mêmes si pénétrés, nous en avons si bien la même idée, qu'à la premiere réprésentation d'une Tragédie, dès que nous entendons parler d'*amour de la Patrie*, nous concevons aussitôt qu'il s'agit de République & de Républicains.

Il est à remarquer que l'on n'entend point par ces mots l'amour du Pays natal, mais l'amour de l'égalité & de la frugalité. Ainsi lorsqu'on dit que dans les Monarchies » l'Etat subsiste indépendamment de l'amour de la Patrie », on dit qu'il subsiste indépendamment de l'amour de l'égalité & de la frugalité; & cela est très-vrai; & c'est un grand avantage de ne point dépendre de ces vertus si parfaites, de ces vertus totalement désintéressées, des véritables vertus qui sont si rares parmi les hommes.

Nous avons peine à concevoir qu'elles éxistent & même qu'elles ayent existé, quoique nous en dise l'Histoire ancienne ; tant il est vrai que cela est éloigné de nos mœurs.

On lit dans l'Esprit des Loix L. III. Chap. VI. *Comment on supplée a la vertu dans le Gouvernement Monarchique.* » L'honneur, c'est à dire, le pré» jugé de chaque personne, & de » chaque condition prend la place de » la vertu & la représente par tout ; il » y peut inspirer les plus belles actions ; » il peut, joint a la force des Loix, » conduire au but du Gouvernement » comme la vertu même.

On lit dans l'Esprit des Loix Ch. VII. *du principe de la Monarchie* » l'honneur » fait mouvoir toutes les parties du » corps politique il les lie par son action » même, & il se trouve que chacun va » au bien commun, croyant aller à » ses intérêts particuliers «.

On lit dans l'Esprit des Loix Ch. VII. » L'honneur inconnu aux Etats » Despotiques où souvent même on » n'a pas de mot pour l'exprimer, re» gne dans les Monarchies ; il y don» ne la vie à tout le Corps politique, » aux Loix & aux vertus mêmes.

Delà il suit que nous sommes les mieux partagés ; la crainte est le partage des ames viles, & l'honneur celui des ames nobles.

A l'égard de la vertu, je parle de la véritable, de celle qui est parfaitement désintéressée ; ceux qui y croyent encore, conviennent qu'elle déroge, puisqu'ils disent qu'elle se trouve parmi les Roturiers, au moins autant que parmi les Nobles.

Mais pour peu qu'on ait d'expérience du Monde, on pense qu'il en est de la vertu comme de l'âge d'or où elle regnoit, dit-on, & que tout cela ne se trouve que dans les Livres & dans le cerveau des Poetes.

De la franchise & de la politesse.

Et comme l'on ne peut juger que d'après ce que l'on a vû, on est porté a croire avec M. D. L. P. que *dans tous les Gouvernemens du Monde, les hommes ne sont francs & polis que parce qu'ils y trouvent leur intérêt particulier, & que ces deux vertus peuvent tourner à leur avantage.* Quelles vertus qui dépendent de l'intérêt particulier ! Dans tous les cas où elles ne se rencontreront pas avec lui, elles seront des vices.

M. D. L. P. fait beaucoup d'honneur à la Politesse en lui donnant le nom de vertu : elle est au plus un art qui prend les dehors de quelques vertus ; elle ressemble à la douceur & à la modestie, comme un tableau à la belle nature. La politesse & la peinture consistent dans la superficie.

Il est aussi clair que l'on ne pense pas les choses que l'on dit seulement par politesse, qu'il est clair que des fleurs que l'on voit sur un tableau n'existent pas.

En considérant le principe de la politesse il paroît qu'elle est née dans les Monarchies, en considérant ses effets il paroît qu'elle est propre à les faire naître ; par-là je répons à ce que M. D. L. P. dit de la politesse dans les Républiques.

Il est dit dans l'Esprit des Loix que l'éducation des Monarchies doit mettre dans les mœurs une certaine franchise. » On y veut donc de la vérité « dans le discours, mais est-ce par » amour pour elle ? point du tout. On » la veut parce qu'un homme qui est » accoûtumé à la dire paroît être har-

» di & libre. En effet, un tel homme » ne dépend que des choses, & non » pas de la maniere dont un autre » les reçoit.

M. D. L. P. prétend que c'est plûtôt dans les Républiques *dont la liberté fait, pour ainsi dire, le caractére distinctif, qu'on dit la vérité pour paroître libre, & que la franchise n'a pour principe qu'une vaine ostentation d'indépendance.*

Si l'éducation dans une République inspire de la vanité, de l'ostentation, elle sappe les fondemens de la République qui est l'amour de l'égalité & de la frugalité.

On prétend encore trouver en cet endroit une contradiction. Pour abréger, je ne rapporterai point l'Observation : on peut la voir pag. 65 & 66. elle roule sur plusieurs suppositions.

Elle suppose que *dire la vérité par amour pour elle*, & *n'avoir que la vérité & la simplicité pour objet*, soit la même chose. Mais il y a entre ces deux idées toute la différence qui est entre un bon homme & un homme de bien.

Elle suppose que l'Auteur de l'Esprit des Loix ait dit que dans les Monarchies, le peuple n'avoit jamais que la vérité & la simplicité pour objet; au lieu qu'il a dit seulement (*a*) que c'étoit-là le motif de la simplicité du peuple, c'est-à-dire, lorsque le peuple est franc, il ne l'est que par simplicité.

Enfin elle suppose qu'un homme dont la franchise n'a que la vérité & la simplicité pour objet, ne puisse très-bien être fourbe dans les circonstances où il aura d'autres objets, où il sentira qu'il est de son intérêt de l'être, & qu'on l'est avec lui.

M. D. L. P. soutient avec M. de la Rochefoucault, que l'amour propre a toujours quelque part à la franchise & aux autres vertus, que l'*homme se recherche toujours lui-même .... Tout le reste*, (dit l'Observateur,) *n'est que paradoxe, & ne se trouve point à sa place dans un Ouvrage aussi grave que* l'Esprit des Loix. *Quand Ciceron pour s'égayer, & pour exercer son esprit a voulu donner une apparence de vérité à quelques propositions singulieres & paradoxales, il l'a fait dans un petit*

(*a*) Voyez Liv. IV. Chap. II.

Ecrit séparé, mais il n'a pas choisi pour celà son Traité des Loix.

Ma Réponse est bien simple : j'ouvre les Livres de Cicéron *de Legibus*, & j'y trouve en mille endroits ce même sentiment que l'on traite ici de paradoxal ; j'y trouve expressément que l'homme qui se recherche lui-même n'est point vertueux : » lorsque » ce n'est point la probité seule, dit » ce fameux Républicain (*a*) qui nous » engage à être honnêtes gens, mais » quelque intérêt particulier nous som- » mes des gens adroits & non pas des » gens de bien. . . C'est donc seulement » pour elle-même que l'on doit aimer, » pratiquer la justice & les autres ver- » tus ...Telle est la nature de la vertu ; » car toutes les fois qu'un homme rap- » porte ses actions à son propre avantage » quelque bien qu'il fasse, ce n'est pas » un homme de bien ; de sorte que ceux

(*a*) *V. Cic. de Legib. lib. 1. Tum autem qui non ipso honesto movemur ut boni viri simus, sed utilitate aliquâ, atque fructu callidi sumus non boni. . . . Per se igitur jus, est expetendum & colendum ; quod si jus etiam justitia, si reliquæ quoque virtutes per se excolendæ . . . . eademque omnium virtutum causa & sententia est ut enim quisque ma-*

» qui mesurent la vertu par l'avantage » qu'elle peut procurer, la détruisent & » ne la regardent que comme une cer- » taine adresse. Et où est l'homme bien- » faisant, si personne ne rend des ser- » vices seulement par rapport à au- » trui ? ... C'est donc pour s'entendre » louer que ces hommes ne commet- » tent point de crimes & se compor- » tent avec décence ; & s'ils ont de la » pudeur, s'ils ne tiennent point des » discours infâmes, c'est seulement » pour s'acquérir une bonne réputa- » tion ! Mais si l'on est porté à la ver- » tu par des objets qui lui sont étran- » gers, il est nécessaire qu'il y ait » quelque chose de mieux que la ver- » tu même ; est-ce l'argent, ou *l'hon-* » *neur* ?

Je fais sur tout ceci une réflexion

ximè ad suum commodum refert quæcumque agit, ita minimè est vir bonus. Ut qui virtutem præmio metiuntur nullam, virtutem nisi malitiam putent. Ubi enim beneficus, si nemo alterius causâ benignè facit ? ... Innocentes ergo & verecundi sunt ut benè audiant, & ut rumorem bonum colligant erubescunt, & pudet impudica loqui ... Nam si propter alias res virtus petitur, melius esse aliquid quam virtutem necesse est, pecuniam an honores ?

générale. Je rapproche les Auteurs qui ont écrit ſur la Morale dans des Républiques très-bien conſtituées, & dans une Monarchie très-bien reglée. Cicéron & Platon qui avoient l'eſprit & le cœur Républicain préſentent par tout l'amour de l'égalité & de la frugalité, diſent que chacun ne doit avoir dans toutes ſes actions d'autre objet, que le bien commun, & que telle eſt *la nature de l'homme.* M. de la Rochefoucault & M. la Bruyere nous diſent que l'homme rapporte tout à lui-même, que l'intérêt, l'amour propre eſt le mobile de toutes nos actions, & même de celles que nous appellons vertus; voilà les deux principes. Les uns & les autres ont peint l'humanité telle qu'ils l'ont vûe. M. D. L. P. dans l'objection à laquelle je viens de répondre parle comme Mrs. de la Rochefoucault & la Bruyere. Faire ici l'Objection, c'eſt prouver le principe même que l'on attaque.

Du Mariage. P. C.

A l'égard de l'Obſervation que fait M. D. L. P. pag. 69, 70, 71. pour y répondre il ſuffit de rapporter de ſuite le passage de l'Esprit des Loix : » Les » femmes sont nubiles dans les climats » chauds à huit, neuf & dix ans ; ainsi » l'enfance & le mariage y vont pres- » que toujours ensemble. Elles sont » vieilles à vingt ; la raison ne se trou- » ve jamais chez elles avec la beauté. » Quand la beauté demande l'em- » pire, la raison le fait refuser ; quand » la raison pourroit l'obtenir, la beau- » té n'est plus. Les femmes doivent » être dans la dépendance, car la rai- » son ne peut leur procurer dans leur » vieillesse un empire que la beauté ne » leur avoit pas donné dans leur jeunes- » se même. Il est donc très-simple qu'un » homme, lorsque la raison ne s'y » oppose pas, quitte sa femme pour en » prendre une autre, & que la Poliga- » mie s'introduise ».

Tout le monde entend que ces mots, *quitte sa femme pour en prendre une autre*, ne signifient pas qu'il renvoye la premiere, mais seulement qu'il passe dans les bras d'une autre : ce que M. de M. a dit de la maniere la plus décente. Cela ne peut pas s'entendre du *divorce* ni de la *répudiation* puiſqu'il y eſt dit expreſſément que cela doit s'entendre de la poligamie.

M. D. L. P. examine enſuite *ſi c'eſt avec raiſon qu'on a accuſé l'Auteur de l'Eſprit des Loix d'avoir un peu maltraité le beau Sexe.*

Mais il le juſtifie pleinement de cette prétendue accuſation, puiſqu'il cite cet endroit de l'Eſprit des Loix : » Il eſt heureux de vivre dans ces cli- » mats qui permettent qu'on ſe com- » munique, où le Sexe qui a le plus » d'agrémens ſemble parer la ſociété, » & où les femmes ſe réſervant au » plaiſir d'un ſeul, ſervent encore à » l'amuſement de tous ». Qui a jamais fait un plus bel éloge du beau Sexe !

M. D. L. P. dit que l'*Auteur* en cet endroit *veut parler ſans doute des femmes dans les Républiques.* Mais il eſt clair, & tout le monde l'entend ainſi, que l'Auteur parle auſſi des femmes dans les Monarchies, & qu'il a ſurtout en vûe les femmes de France, puiſqu'il n'eſt point de Pays au monde où l'on ſe communique davantage ; en un mot il eſt clair que l'Auteur parle de tous les Pays où les femmes ne sont point dans la servitude domestique.

Mais que cette servitude soit plus conforme au Phisique de certains climats, c'est une chose dont on ne sçauroit douter raisonnablement, à moins que l'on ne veuille aussi révoquer en doute que les passions soient plus vives dans les Païs chauds : ce dont on est convenu dans tous les temps & dans tous les âges (*a*).

En Europe même les femmes sont moins libres vers le midi par la force seule du climat, & indépendamment de la Religion & du Gouvernement. On n'y met guères de différence entre surprendre dans un tête-à-tête, & convaincre d'adultere.

Dans des climats plus chauds, il est nécessaire que les femmes soient entièrement séparées d'avec les hommes. Mais remarquez avec l'Auteur de l'Esprit des Loix que la servitude est indépendante de la Poligamie (*b*).

(*a*) V. M. Bayle, Dictionnaire critique. Art. Bacchus.

(*b*) L. XVI. Ch. XI.

» Il y a de tels climats où le Phy-» sique a une telle force, que la Mo-» rale n'y peut presque rien». Cette proposition détachée, & rendue par-là générale peut paroître trop forte, & peu morale. Aussi tous les Critiques de l'Esprit des Loix l'ont-ils relevée; mais lisez-la dans l'Esprit des Loix, vous verrez qu'elle n'y est que conditionnelle. Mettez-la dans la place où elle est; vous la trouverez simple, naturelle & vraie; elle est dans le Chapitre (a) qui a pour titre: » De la » séparation des femmes d'avec les » hommes «; & voici ce qui la suit immédiatement, » laissez un homme » avec une femme, les tentations se-» ront des chutes «. Elle signifie donc seulement, le Physique a une telle force dans certains climats, que la Morale n'y peut presque rien si les femmes n'y sont séparées d'avec les hommes. C'est dans ces Pays-là surtout que la bonne Morale consiste à éviter toutes les occasions; & la bonne Politique devant être conforme à la bonne Morale, y consiste à ôter

(a(VIII. Liv. XVI.

toutes les occaſions. » Au lieu de Pré-
» ceptes il faut des verroux «.

On peut appliquer aux femmes des différents climats une penſée de M. de la Bruyere. Pour les femmes des Païs tempérés & des Pays froids un Jardinier eſt un Jardinier, un Maçon eſt un Maçon ; pour les femmes de certains lieux d'Orient, un Maçon eſt un homme, un Jardinier eſt un homme.

Mais ce n'eſt pas ſeulement le tempéramment des femmes qui exige leur clôture dans ces climats brûlans, c'eſt au moins autant celui des hommes.
» Un Livre Claſſique de la Chine re-
» garde comme un prodige de vertu
» de ſe trouver ſeul dans un apparte-
» ment reculé avec une femme ſans
» lui faire violence (*a*).

Ce n'eſt pas tant l'incontinence en elle-même que ſes ſuites, qui exigent la clôture des femmes dans certains lieux de l'Orient & du Midi Là elle entraîne après elle (*b*) tous les vices, toutes les horreurs, la violen-

(*a*) L'Eſprit des Loix, *ibid.*

(*b*) Liv. XVI. Chap. XI.

ce, la perfidie, les poisons, les assassinats, les guerres civiles. Elle s'y introduit aisément, elle y naît en quelque sorte, elle y est très-difficile à réprimer; mais si des circonstances particuliéres l'introduisent quelquefois dans le Pays de l'Occident & du Nord, elle n'y a d'autre inconvénient qu'elle-même, & comme elle ne s'accorde point avec le Physique du climat, elle n'y sçauroit subsister.

» Que serviroit d'enfermer les femmes dans nos Païs du Nord où leurs mœurs sont naturellement bonnes, où toutes leurs passions sont calmes, peu actives, peu rafinées, où l'amour a sur les cœurs un empire si réglé, que la moindre police suffit pour les conduire «. *Ainsi ce n'est guéres*, observe-t'on, *que le plus ou le moins de chaleur qui rend les femmes en général plus ou moins vertueuses.*

Quelle conséquence! On peut être également vertueux dans tous les Païs, parce que l'on peut partout aimer également la vertu. Mais la pratique de la vertu exige dans des climats brûlans ce qu'elle n'éxige pas dans des Païs plus calmes, la séparation des femmes d'avec les hommes; & cela n'empêche pas qu'elles n'y puissent être vertueuses ou vitieuses; sans quoi toutes les Loix qui obligent à la pratique de quelques vertus, les détruiroient puisqu'elles en font une nécessité.

En ordonnant cette séparation, le Législateur fait pour toutes ce que chacune auroit dû faire, & ce que toutes n'auroient point fait. Deux personnes sont contraintes à quelque chose de juste & de raisonnable. L'une s'en fait un plaisir & le feroit quand même elle n'y seroit pas obligée. L'autre s'en fait une peine, & ne le fait que parce qu'il lui est impossible de faire autrement; l'une est vertueuse, l'autre vicieuse; la vertu & le vice sont dans le cœur.

Les femmes du Nord qui pratiquent la vertu & qui l'aiment dans la société, & les femmes des climats brûlans qui l'aiment dans la retraite sont également vertueuses, & ont également tout *le mérite de la vertu.*

On met en queſtion ſi cela eſt *avantageux* au *Beau Sexe* en général, & en particulier à *nos femmes* du Nord; lequel vaut mieux pour les femmes de vivre dans certains lieux d'Orient où leur propre tranquillité & la tranquillité publique exigent qu'on les enferme, ou dans ces climats qui » permettent que l'on ſe communique, » & où le Sexe qui a le plus d'agré- » ment ſemble parer la ſociété, & ſe » réſervant aux plaiſirs d'un ſeul ſert à » l'amuſement de tous «? Heureux les cœurs à qui la vertu ne coûte point d'effort; heureux les climats où les vertus ſont naturelles!

Il n'eſt pas douteux (*a*) que l'Eté & le Printems on ne ſoit plus porté à l'amour: ce ſont les ſeules ſaiſons où l'on eſt amoureux par inſtinct; auſſi eſt-ce le ſeul temps où les animaux le ſoient; & peut-être avons-nous beſoin de notre raiſon pour jouir en tout temps de nos avantages, & goûter les plaiſirs dans toutes les ſai-

(*a*) V. Obſervations, p. 76, 77. L'Eſprit des Loix. Liv. 23. Chap 1. Voyez ci-deſſus p. 68, 69.

ſons. Les bêtes, diſoit Popilie, n'aiment pas toujours parce que ce ſont des bêtes *(a)*.

Mais la raiſon nous apprend en même tems que l'on doit être modéré dans tous les pays, dans toutes les ſaiſons, dans tous les plaiſirs; que le bien général le demande ainſi, & que c'eſt d'ailleurs l'intérêt des plaiſirs mêmes.

» Toutes les Nations, eſt-il dit dans l'Eſprit des Loix, au Chap. qui a pour Titre, *De la Pudeur naturelle.* » ſe ſont accordées à attacher du mé- » pris à l'incontinence des femmes, » c'eſt que la Nature a parlé à toutes » les Nations.

» Il n'eſt donc pas vrai que l'incon- » tinence ſuive les Loix de la Nature, » elle les viole au contraire. C'eſt la » modeſtie & la retenue qui ſuivent » ces Loix «.

(a) Bruta non ſemper amant quod ſint rationis expertia. V. Auguſt. Niph. de amore. Dans cet Ouvrage dédié à une Princeſſe, & approuvé d'un Cardinal, c'eſt ainſi qu'on définit l'Amour: *Amare, hoc eſt deſiderare fœminam ſui generis, ut in eâ ſimile generetur.*

On veut encore obſerver ici une contradiction (*a*); mais la Réponſe à cette Obſervation ſe trouve à la fin du même Chapitre, » quand donc la » puiſſance phyſique de certains climats » viole la Loi naturelle, & celle des » êtres intelligens, c'eſt au Légiſlateur » à faire des Loix civiles qui forcent » la nature du climat, & rétabliſſent » les Loix primitives «.

Comme notre nature eſt un mélange de raiſon & de paſſions, deux choſes preſque toujours oppoſées, nous donnons au mot *Nature* deux ſignifications qui ſe trouvent auſſi ſouvent oppoſées, & qui forment des contradictions apparentes. Ainſi l'égalité, la liberté, la pudeur ſont des Loix de la Nature, c'eſt-à-dire de la raiſon naturelle; & cependant il eſt très-naturel, c'eſt-à-dire, très-conforme aux paſſions qui ſont dans la nature, de vouloir être le plus riche, le plus heureux des hommes, de vouloir tout poſſéder, tout aſſujettir, il n'y a point-là de contradiction. Ce terme *Nature*, *naturel* peut être joint à

(*a*) *Obſerv.* p. 78, 79.

deux Propositions opposées qui seront toutes deux vraies, parce qu'il présente alors deux idées toutes différentes.

Quand on dit, la Phisique a une telle force dans certains climats que la Morale n'y peut *presque* rien, cela signifie évidemment qu'il est très-difficile dans certains climats de pratiquer la Morale. Tous les jours on dit qu'une chose est impossible pour exprimer qu'elle est très-difficile ; à plus forte raison peut-on dire qu'elle est *presque* impossible ; car c'est faire comprendre qu'elle est possible, absolument parlant. D'ailleurs j'ai fait voir que cette Proposition est conditionnelle dans l'Esprit des Loix.

Quand on dit que les passions sont plus vives dans les pays chauds, il est évident que l'on parle en général. Ce n'est pas qu'il n'y ait des tempéramens très-chauds dans des climats glacés, & des tempéramens glacés dans des climats brûlants. Mais dans chaque climat le plus grand nombre des tempéramens est comme le climat.

Dans une Nation qui habite un

Pays tempéré, & qui eſt variable comme le climat, c'eſt la Mode qui regle tout ; elle peut y amener l'incontinence, mais à coup ſûr elle l'y détruira. On y a des amans comme on y fait des *Nœuds*, le libertinage du cœur n'y eſt preſque jamais que le libertinage de l'eſprit.

Le fond des choſes peut y reſter le même & les dehors changer toujours, parce que c'eſt ſur eux ſeuls que la Mode exerce ſon empire. Tout dépendra du Bel-air : & comme il ne hait rien tant que l'uniformité, quand on aura été un temps ſage & raiſonnable, on ſe verra réduit à déraiſonner, on affectera de paroître débauché ; & l'on ne ſe montrera enfin modéré, tel que l'on eſt, que quand on ſera las de paroître tout ce que l'on n'eſt pas.

Du luxe. Dans une telle Nation les mœurs ne ſont guéres que des manieres, & les vices que des défauts.

» Le *luxe* eſt toujours en propor-» tion avec l'inégalité des fortunes «(*a*). De-là il ſuit qu'il eſt contraire au Gou-

(*a*) L. VIII. Chap. 1.

vernement Républicain dont le principe est l'amour de la Patrie, ou l'amour de l'égalité & de la frugalité, & qu'il est nécessaire dans les Monarchies, puisque par leur constitution les richesses y sont inégalement partagées. La seule objection que M. D. L. P. fasse à cet égard *(a)* vient de ce qu'il ne prend pas l'amour de la Patrie dans le sens de l'Auteur de l'Esprit des Loix, & des meilleurs Politiques. En répondant à ce que M. D. L. P. a dit sur les principes des différens Gouvernemens, j'ai répondu à cette Observation qui en est une suite.

L'Auteur de l'Esprit des Loix n'a dit nulle part que *la nature du climat produit* le *luxe*, que *c'est le climat qui regle la dépense.* *(b)*. Il a dit seulement que le luxe étoit plus ou moins à craindre dans différens Païs, ce qui vient plus encore de la nature du terrain que du climat.

» Le peuple *(c)* par la force du
» climat peut devenir si nombreux, &
» d'un autre côté les moyens de le

(*a*) p. 83.
(*b*) V. L. VII. Chap. VI.

» faire subsister peuvent être si incertains
» qu'il est bon de l'appliquer tout entier
» à la culture des terres. Dans ces Etats
» le luxe est dangéreux ; ainsi pour sçavoir
» s'il faut encourager le luxe ou le pros-
» crire, on doit d'abord jetter les yeux
» sur le rapport qu'il y a entre le nom-
» bre du Peuple & la facilité de le fai-
» re vivre ; en Angleterre le sol pro-
» duit beaucoup plus de grain qu'il
» ne faut pour nourrir ceux qui cul-
» tivent les terres & ceux qui procu-
» rent des vêtemens ; il peut donc y
» avoir des Arts frivoles, & par con-
» séquent du luxe. En France il croît
» assez de bled pour la nouriture des
» laboureurs & de ceux qui sont em-
» ployés aux Manufactures. De plus
» le commerce des Etrangers peut ren-
» dre pour des choses frivoles tant de
» choses necessaires qu'on n'y doit
» guéres craindre le luxe.

» A la Chine au contraire les fem-
» mes sont si fécondes, & l'espéce
» humaine s'y multiplie à un tel point,
» que les terres quelques cultivées
» qu'elles soient, suffisent à peine
» pour la nourriture des Habitans. Le

» luxe y est donc pernicieux & l'esprit » de travail est aussi requis que dans » quelques Républiques que ce soit. Il » faut qu'on s'attache aux Arts né» cessaires & qu'on fuye ceux de la » volupté «.

Sans doute que si les Chinois (*a*) avoient comme nous le sceptre des Modes, si devenus le modele des autres Nations dans tout ce qui regarde le luxe, ils pouvoient par le commerce se procurer pour des choses frivoles les choses les plus nécessaires & du bled pour des *Pompons*, ils auroient moins à craindre le luxe. Mais il faudroit pour cela qu'ils eussent des mœurs françoises, & qu'ils fussent entourés de Nations qui goûtâssent ces mœurs ; en un mot il faudroit qu'ils ne fussent pas des Chinois.

Comment un Peuple pourroit-il s'appliquer assez de temps aux choses frivoles pour y exceller, quand en travaillant continuellement à la culture de la terre, elle lui fournit à peine le nécessaire.

(*a*) Observ. p. 86.

Mais *nos Ancêtres* (*a*) *n'avoient chez eux ni Tapisseries des Gobelins, ni Glaces de Venise, ni Tableaux de grand prix.* Sans doute ; car la plûpart de ces choses-là n'existoient pas. Mais ils avoient le luxe qui étoit à leur portée, & qui n'a été long-tems composé que de Chiens & de Chevaux, tel qu'on le voit encore chez les *Gentilshommes* de nos Provinces où les moeurs anciennes se sont réfugiées.

Ils n'avoient *ni équipages superbes ni habits magnifiques.* On n'avoit pas encore transporté en Europe tout l'or de la plus riche moitié de l'Univers. Il a été un temps où un Sceptre d'yvoire étoit la même chose qu'est aujourd'hui un Sceptre d'or & de pierreries.

De l'homicide de soi-même.

Il y a dans l'Esprit des Loix un Chapitre (*b*) qui est intitulé : » *des Loix contre ceux qui se tuent eux-mêmes.* » Nous ne voyons point, y est-il dit, » que les Romains se fissent » mourir sans sujet ; mais les Anglois

(*a*) *Observ.* p. 86. 87.
(*b*) L. XIV. Chap. XII.

» se tuent sans qu'on puisse imaginer » aucune raison qui les y détermine ; » ils se tuent dans le sein même du » bonheur. Cette action chez les Ro- » mains étoit l'effet de l'éducation ; » elle tenoit à leurs manieres de pen- » ser, & à leurs coûtumes ; chez les » Anglois, elle est l'effet d'une mala- » die, elle tient à l'Etat Physique de » la machine & est indépendante de » tout autre cause.

Mais, observe-t'on, s'ils *se tuent dans le sein même du bonheur, ce n'est donc pas par maladie.*

Lorsqu'on dit qu'un homme se tue dans le sein même du bonheur, tout le monde entend qu'il se tue, ayant d'ailleurs tous les sujets d'être heureux & d'aimer la vie. On dira que Cromwel est mort dans le sein du bonheur pour exprimer qu'il est mort au faîte des grandeurs, & après la réussite de ses projets. Personne n'entendra par-là qu'il étoit heureux & content dans l'instant même qu'il est mort (*a*). Quoi que ce que dit ici l'Auteur de l'Esprit des Loix soit très- clair, il le

(*a*) Il mourut d'une maladie de l'Urethre.

dit dans un autre endroit d'une maniére plus claire encore ; & on y trouve la Réponse à cette Observation de M. D. L. P. » La plûpart avec de l'es» prit, y est il dit (*a*) en parlant des Anglois, » seroient tourmenté par » leur esprit même : dans le dédain » ou le dégoût de toutes choses, ils » seroient malheureux avec tant de » sujets de ne l'être pas «.

» Il sembloit qu'il eût voulu mou» rir, a dit M. de Voltaire (*b*) d'un Anglois *Suicide*, » parce qu'il étoit » dégoûté de son bonheur «.

On pourroit faire à M. de V. l'objection de M. D. L. P. comment peut-on être dégoûté de son bonheur ? mais cela s'entend très-bien, cela ne sçauroit être dit d'une maniére plus courte, plus vive, & plus claire.

L'Auteur de l'Esprit des Loix a recherché la cause de ce dégoût. » Il » y a apparence, a-t'il dit, que c'est » un défaut de filtration du suc ner» veux. La machine dont les forces

(*a*) L. XIX. Ch. XXVII.

(*b*) Mélanges de Littérature & de Philosophie, Chap. 6.

» motrices se trouvent à tout moment
» sans action, est lasse d'elle-même,
» &c «.

Les Anglois sont cependant plus forts & plus robustes que les Peuples qui habitent les Pays chauds. 1°. Les Anglois qui ont cette maladie ne sont pas forts & robustes. 2°. Il y a bien de la différence entre leur état & celui où un homme se trouve dans un Pays très-chaud, entre le défaut de filtration du suc nerveux, & le relâchement des fibres (*a*).

Dans nos climats tempérés les hommes occupés à des emplois fatiguants éprouvent des lassitudes qui les accablent; être las, & être las de soi-même sont deux choses bien différentes.

Pour prouver que *ce n'est point le climat qui fait que l'on se tue en Angleterre*, on cite des vers de *Sidnéy* qui n'en disent rien.

Mais *à des gens qui ne craignent rien devant Dieu, ni devant les hommes pour l'avenir; la mort est le re-*

(*a*) L. XIV. Chap. II. & Chap. XII.

mede le plus simple & le plus naturel aux maux présens qui les accablent. 1°. Il n'est pas du tout simple, pas du tout naturel de se donner la mort. 2°. Les Anglois se tuent dans le sein même du bonheur.

3°. La Religion en Angleterre comme ailleurs défend l'homicide de soi-même; tous les gens qui *manquent de foi* (a) ne se tuent pas: on n'a pas besoin de *foi* pour aimer la vie.

Dans des Pays *où l'on pense sur la Religion* aussi *librement qu'en Angleterre*, & dans des Pays où il n'y a point de Loix non plus qu'en Angleterre, qui flétrissent l'homicide de soi-même, on ne se tue cependant pas comme en Angleterre.

Comment les Loix pourroient-elles punir cette sorte d'homicide? Quand un homme en est coupable, il n'est plus punissable, puisqu'il n'est plus.

Dans des Pays où une maladie de climat ne porte point au dégoût de toutes choses, & même à celui de la vie, & où par conséquent le poids

(b) Observ. p. 94. 95.

ſeul du malheur pourroit porter des hommes à ſe tuer eux-mêmes, à quoi ſerviroit-il de flétrir leur mémoire ? Ce ſeroit rendre leur famille malheureuſe & lui donner une raiſon de plus de haïr la vie & de s'en défaire ; ce ſeroit multiplier les homicides, l'effet de la Loi ſe trouveroit contre l'Eſprit même de la Loi.

Les Loix qui rendent la vie douce & commode, qui font le bonheur des Peuples, ſont le meilleur & l'unique moyen d'empêcher l'homicide de ſoi-même.

Du Courage.

A l'égard du courage M. D. L. P. eſt d'accord avec M. de M. & ce qu'il dit contre l'Eſprit des Loix eſt conforme aux principes de l'Eſprit des Loix.

On attaque l'Auteur comme s'il eût dit que le climat ſeul faiſoit toujours le courage ; c'eſt ce qu'il n'a dit nulle part.

On cite des *exemples* où *la naiſſance, l'éducation, les préjugés, le point d'honneur inſpirent du courage* ; s'enſuit-il que le climat n'en inſpire point ? cela prouve ſeulement que le

» courage a plus d'une cause.

M. de M. a dit que dans les Pays froids les Peuples sont naturellement plus forts & plus courageux ; & il a démontré le premier cette vérité qui n'est pas nouvelle, car elle se trouve dans Aristote (*a*).

Les Habitans des Pays chauds sont naturellement plus délicats, plus foibles, & ont des passions plus vives. M. D. L. P. n'en disconvient pas ; mais de-là il suit qu'ils sont naturellement plus timides, ce dont il ne veut pas convenir ; il admet le principe, il rejette la conséquence.

» L'homme dans l'état de nature (*b*) » ne sentiroit d'abord que sa foiblesse, » sa timidité seroit extrême : & si l'on » avoit besoin là-dessus de l'expérien- » ce, l'on a trouvé dans les forêts » des hommes sauvages, tout les fait » trembler, tout les fait fuir.

Dès qu'il est incontestable que l'homme est naturellement timide, il est aussi incontestable qu'il est natu-

(*a*) *Politic.* lib. 7. c. 7.

(*b*) Voyez Esprit des Loix, Liv. 1. Ch. 11.

rellement plus timide dans les Pays chauds où il a l'imagination plus vive.

Outre cette preuve que je tire des principes de l'Esprit des Loix, l'Auteur en a apporté une qui est encore plus sensible & plus palpable.

» On a donc plus de vigueur dans » les climats froids, (*a*) l'action du » cœur & la réaction des extrémités » des fibres s'y fait mieux, les liqueurs » sont mieux en équilibre, le sang est » plus déterminé vers le cœur, & » réciproquement le cœur a plus de » puissance. Cette force plus grande » doit produire bien des effets; par » exemple plus de confiance en soi-» même, c'est-à-dire, plus de coura-» ge..... Mettez un homme dans un » lieu chaud & enfermé, il souffrira » par les raisons que je viens de dire » une défaillance de cœur très-gran-» de; si dans cette circonstance on va » lui proposer une action hardie, je

(*a*) Liv. XIV. Chap. II. Combien les hommes sont différens dans les divers climats.

» crois qu'on l'y trouvera très-peu » disposé, sa foiblesse présente mettra » un découragement dans son ame.

Tout ce raisonnement, observe-t-on, *roule sur une supposition fausse; sçavoir, que c'est la foiblesse ou la force du corps qui rend les hommes timides ou courageux.* Il est faux qu'elle seule fasse la timidité ou le courage; mais il est très-vrai qu'elle y contribue. Le même homme lorsqu'il sera malade, & que son tempérament sera affoibli, aura moins de courage que s'il se portoit bien, & qu'il fut dans toute sa vigueur; la chaleur affoiblit comme la maladie.

Il ne s'agit pas de sçavoir si *l'éducation, les préjugés, le point d'honneur, en un mot la façon de penser*, ne produisent point le courage; *ce n'est point-là du tout l'état de la question; l'état de la question est de sçavoir* si la force plus grande ne produit point plus de confiance en soi-même, c'est-à-dire, plus de courage, si les dispositions du corps n'ont point de part à celles de l'ame. *Voilà uniquement à quoi la question se réduit*, & cela n'a jamais été une question.

C'est sans doute *la façon de penser* qui fait le courage ainsi que toutes les qualités de l'ame. Mais le tempérament a beaucoup de part à la maniere de penser, & le climat au tempérament. *(a)*

On oppose a l'Auteur de l'Esprit des Loix que *le point d'honneur produit le courage*; mais il l'à dit lui-même d'une *(b)* maniere bien plus forte. » L'honneur a donc ses régles » suprêmes & l'éducation est obligée » de s'y conformer. Les principales » sont qu'il nous est bien permis de » faire cas de notre fortune, mais qu'il » nous est souverainement défendu » d'en faire aucun de notre vie «.

On lui oppose que *l'éducation produit le courage*, mais il a fait voir comment Licurgue a sçû former une » Nation belliqueuse *(c)*.

Il a dit, » c'est par ces chemins » que *Sparte* est menée à la grandeur » & à la gloire, mais avec une telle

(*a*) Voyez cy-dessus, p. p.

(*b*) Liv. IV. Chap. III. de l'éducation dans les Monarchies.

(*c*) Liv. IV. Chap VI.

» infaillibilité de son institution, qu'on » n'obtenoit rien contre elle en gagnant des batailles, si on ne parvenoit à lui ôter sa Police «.

» La Crête & la Laconie furent gouvernées par ces Loix. Lacédémo- » ne céda la derniére aux Macédo- » niens, & la Crête fut la derniere » proye des Romains «.

Voilà donc l'éducation qui inspire du courage dans les Pays chauds, & qui réforme le vice du climat.

Aussi l'Auteur de l'Esprit des Loix a-t'il prouvé dans un Chapitre exprès, » que les mauvais Législateurs sont » ceux qui ont favorisé les vices du » climat, & les bons sont ceux qui » s'y sont opposés (a) «. Le Titre seul de ce Chapitre est une Réponse générale à toutes les Objections que l'on a faites sur le principe du climat.

Par exemple, M. de M. dit Liv. XIX. Chap. XXI. » C'est la nécessité & » peut-être la nature du climat qui ont » donné à tous les Chinois une avidité

(a) Chap. V. du L. XIV. des Loix dans le rapport qu'elles ont avec la nature du climat.

» inconcevable pour le gain, & les Loix » n'ont pas songé à l'arrêter «. C'est bien faire entendre qu'elles auroient dû y songer.

On se récrie que la *mauvaise foi soit permise à la Chine, & cela uniquement à la nature du climat ; c'est ce que personne n'avoit encore imaginé.* A la Chine il est permis de tromper, c'est un fait ; mais quelle en est la cause ? En est-il de plus naturelle que celle qui se trouve dans l'Esprit des Loix ? Dans un Pays où les Peuples se multiplient beaucoup, & où la terre produit peu, on ne peut être assuré de sa vie qu'à force d'industrie & de travail. L'excès de l'industrie n'a autre chose que la ruse & la fourberie. De l'industrie à la ruse, il n'y a qu'un pas, & il n'est que trop aisé à faire. De la mauvaise foi.

Le climat est toujours le même, il doit donc agir aussi toujours d'une maniere uniforme.

Le Marquis de S. Aubin dans son Traité de l'Opinion remarque (*a*) que

(*a*) L. IV. Ch. VIII. Des Naturalistes.

» les tempéramens des Peuples ſuivant » les différens climats n'ont point chan- » gé «, & que les Habitans du Nord & du Midi ſont encore aujourd'hui tels que nous les peint l'Hiſtoire ancienne, les uns *groſſiers*, *robuſtes*, *belliqueux*, *grands-buveurs*, les autres *ſobres*, *foibles*, *mélancoliques & ſpirituels*.

Il ſe fait enſuite les mêmes Objections que M. D. L P. fait à M. de M. » Mais cette différence des eſprits, » ajoûte-t'il, ne doit être rapportée » qu'à l'éducation «.

L'éducation eſt une ſeconde nature; Cela eſt paſſé en Proverbe pour exprimer que c'eſt à elle à corriger la nature, & à s'oppoſer aux vices du tempérament & du climat.

L'Auteur de l'Eſprit des Loix montre comment elle peut faire braver tous les périls à certains Peuples du Midi qui ſont naturellement ſans courage.

» Comme une bonne éducation (*a*) » eſt plus néceſſaire aux enfans qu'à » ceux dont l'Eſprit eſt dans ſa maturité

(*a*) Liv. XIV. Chap. II.

» turité, de même les Peuples de ces » climats ont plus besoin d'un Législa- » teur sage, que les Peuples du nôtre. » Plus on est aisément & fortement » frapé, plus il importe de l'être d'une » maniere convenable, de ne rece- » voir pas de préjugés, & d'être con- » duit par la raison.»

On attaque l'Auteur de l'Esprit des Loix, comme s'il eût pris à tâche d'établir l'influence du climat, comme s'il étoit le seul qui l'eût reconnue. Mais il n'en a parlé qu'en tant que les Loix y doivent avoir raport, qu'en tant qu'elles doivent en cultiver les vertus & en réformer les vices; rien n'est plus conforme à la bonne Morale.

Que le climat influe sur les tempéraments, & par conséquent sur les mœurs, sur la maniere de penser. C'est un principe aussi ancien que le monde (*a*), c'est une vérité d'expérience. Pour s'en convaincre, il ne faut que des yeux. L'Auteur de l'Esprit des Loix voit par tout le climat

(*a*) Voyez Platon, Aristote, Hypocrate Plutarque &c.

parce que le climat eſt par tout. Il voit la crainte, la vertu, l'honneur où ils ſont.

DE LA POLITIQUE
ET DE LA JURISPRUDENCE.

MR. D. L. P. après avoir prétendu prouver que la Religion, & la Morale ſont *les choſes du monde qui ont le moins de raport au climat & au Gouvernement*, ajoute qu'*il n'en eſt pas de même de la Politique, & de la Juriſprudence.* J'en *conviens*, dit-il, *elles tiennent l'une & l'autre par tant d'endroits au climat, & au Gouvernement que je ſerai preſque ſur tous les points du ſentiment de l'Auteur.* Mais ſi les Loix Politiques & Civiles dépendent du climat, du Gouvernement, ſi elles doivent être différentes dans différents climats & dans différents Gouvernements, il s'enſuit évidemment que les mœurs y doivent être auſſi différentes. Les Loix réglent les mœurs, & la différence des Loix produit nécessairement la différence des mœurs.

Convenir que la Politique & la Jurisprudence *tiennent par tant d'endroits* au climat & au Gouvernement, & ne pas convenir que la Morale y tient également, elle qui est l'ouvrage & l'objet des Loix, c'est se contredire évidemment. M. D. L. P. est tombé lui même dans ce défaut qu'il prétend trouver à chaque instant dans l'Esprit des Loix.

Il est bien singulier que l'on accuse M. de M. d'un défaut de Logique. Si elle est l'art de bien penser, qui a jamais été plus Logicien que l'Auteur de l'Esprit des Loix, qui a jamais pensé d'une maniere plus profonde & plus sublime.

Ce n'est pas que M. D. L. P. n'ait beaucoup de Dialectique; mais il en manque toutes les fois qu'il reproche à M. de M. d'en avoir manqué. Il n'y a pas une seule contradiction dans l'Esprit des Loix, & il y en a, ce me semble, plus d'une dans les Observations.

On prétend observer une contradiction dans ce que l'Auteur a dit de l'établissement facile, & de la corruption perpétuelle du Gouvernement Despotique. *S'il est vrai*, dit-on, *que ce Gouvernement ait tant de peine à se conserver, il faut donc qu'il en ait aussi beaucoup à s'établir.* On appelle *cette conséquence évidente.* Rien n'est plus facile à construire qu'une Chaumiere, donc c'est le Bâtiment le plus solide. Ce raisonnement ne l'est guères.

Ce sont au contraire les choses les plus difficiles à faire, à établir, qui se conservent le plus long-tems. Il en est d'un bon Gouvernement, comme d'un bon Livre.

L'Auteur a parlé de la maniere dont chaque Gouvernement se conserve. » Comme les Républiques (*a*) » pourvoient à leur sureté en s'u- » nissant ; les États Despotiques le » font en se séparant, & en se tenant » pour ainsi dire seuls. ils sacrifient » une partie du Pays, ravagent les » frontieres, & les rendent désertes. » Le Corps de l'Empire devient inac-

(*a*) Chap, IV. Liv. IX.

» cessible . . . . l'Etat Despotique se » conserve par une autre sorte de » séparation qui se fait en mettant les » Provinces éloignées entre les mains » d'un Prince qui en soit feudataire. » *Il me paroit*, observe-t-on, *que c'est là une confédération autant qu'une séparation*. Quelle différence entre un Confédéré (*a*) & un Feudataire; l'un est un allié libre & l'autre un allié nécessaire.

Mais comment peut-on se tenir seul, & se faire en même tems des alliés? Comment peut-on s'unir & se séparer tout à la fois? » En mettant les Pro» vinces éloignées entre les mains d'un » Prince qui en soit feudataire. » Il a tout l'embarras de conserver les frontieres; & le corps de l'Empire devient inaccessible. Le Despote ne doit avoir pour alliés que des Princes qui tiennent de lui leur Puissance. Par là il se sépare de tous les Etats sur lesquels il n'a point d'Empire.

M. D. L. P. observe avec raison que M. de M. dit *des choses admirables sur*

(*a*) Voyez Chap. 11. *que la constitution fédérative doit être composée d'Etats de même Nature.*

l'imposition des tributs & la levée des impôts dans les trois Gouvernemens, il n'entreprend pas de réfuter son sentiment sur cette matiere. Un homme du métier l'a fait, DIT-ON, *avec beaucoup de force* (*a*). *Mais l'ouvrage est fort rare, & quoique fait pour le public. Il n'a été vû jusqu'à présent que d'un très-petit nombre d'Amis particuliers à qui l'Auteur (par un privilege special) a bien voulu en procurer la lecture.* C'est comme si quelqu'un venoit nous dire, j'ai fait un Livre, mais je le garde, je l'ai fait imprimer pour le mettre dans mon Portefeuille.

(*a*) Voyez Observ. P. 151.

Les Observations sur L'Esprit des Loix, ainsi que les autres Critiques de cet excellent Ouvrage, se trouvent à Paris, chez la Veuve Cailleau, ruë Saint Jacques.

Je mets ici en note la seule réponse qu'il me reste à faire aux Observations de M. D. L. P. sur la Politique. Il veut encore trouver une contradiction dans l'Esprit des Loix. Le Despotisme s'introduit plus aisément dans les Pays fertiles; & c'est la fertilité de l'Amérique qui fait qu'il y a tant de Nations Sauvages. J'ai toujours la même chose à

Tout le monde sait, observe-t-on, *que l'Auteur est un homme d'un très grand mérite. Il a écrit pour la deffense de sa cause, & de celle d'une Compagnie riche, nombreuse & puissante.* Je veux bien croire que cette deffense contient de très-bonnes raisons. Mais puisqu'on ne la publie pas, ce ne peut être que pour des raisons meilleures encore.

On sent à chaque page de l'Esprit des Loix que l'Auteur a toujours eu en vûe le bien général, le bonheur

répondre, il n'y a point là de contradiction. L'Extrême liberté est aussi éloignée de la liberté raisonnable que la servitude. C'est un axiome en Morale & en Politique, les extrêmités se touchent. L'Auteur l'a fait voir Liv VII. Chap. VIII.

D'ailleurs M de M. a prouvé ces propositions par plusieurs raisonnements. Il falloit détruire les raisonnements, on ne l'a pas même tenté; mais si elles sont bien prouvées, si elles sont vraies, elles ne sont donc pas contradictoires.

J'ai parlé très-peu de la Jurisprudence, M. D. L. P. ne fait à cet égard aucune Objection. Il renvoye seulement à celles qu'il a faites dans l'article du climat & ausquelles j'ai répondu.

des hommes, & le suprême avantage du Prince & du Peuple.

DU COMMERCE.

» Le Commerce, est-il dit dans l'Esprit des Loix, » (*a*) a du rap- » port avec la constitution. Dans le » Gouvernement d'un seul il est fondé » sur le luxe..... Dans le Gouverne- » ment de plusieurs, il est fondé sur » l'œconomie. » C'est une conséquence des différents principes de ces Gouvernements. Si l'Esprit des Loix est, comme on le prétend, *un labirinthe*, (*b*) ces principes sont *le fil* avec lequel il n'est pas possible de s'y égarer.

Mais c'est la Contradiction, qui sert de guide aux *Observations*. On ne voit qu'elle par tout, on la voit dans les endroits-mêmes où il n'y en a pas l'ombre, par exemple dans ces deux propositions que je raproche.

(*a*) Liv. XX. Chap. IV.
(*b*) Voyéz Observ. p. 8.

» Les grandes entreprises de Com- » merce (*a*) ne sont donc pas pour » les Monarchies; mais pour les Etats » Républicains ».

» » Il faudroit supposer que chaque » particulier dans cet état (*b*) & » tout l'état même eûssent toujours « la tête pleine de *grands projets.* »

Ces derniers mots donnent lieu à toute l'objection. Mais il ne s'agit pas là de grands projets de Commerce, il s'agit de l'art de conquérir & de gouverner de grands Etats. Voici le passage entier, tel qu'il est dans l'Esprit des Loix.

» C'est dans ces idées que Cicéron » disoit si bien, *je n'aime point qu'un* » *même peuple soit en même tems le* » *Dominateur, & le Facteur de l'U-* » *nivers.* En effet il faudroit supposer » que chaque particulier dans cet état » & tout l'état eussent toujours la tête » pleine de grands projets, & cette mê- » me tête remplie de petits, ce qui » est contradictoire ». Qui ne voit pas

(*a*) l'Espr it des Loix. *ibidem* (*b*) *ibid.* *le Monarchique.*

que *de grands projets* se rapportent à *Dominateur de l'Univers* ?

Le Commerce du luxe étant fondé sur le superflu qui n'a point de borne, commence par gagner beaucoup, & finit par ne rien gagner. Un grand gain est par sa nature plus susceptible de diminution que d'augmentation. Mais le Commerce d'Economie étant fondé sur la frugalité, commence par gagner très-peu, le moins qu'il est possible, & finit par gagner beaucoup. Il ne convient donc pas dans les Monarchies; il n'y sçauroit commencer. Tout roûle sur le luxe, & le plus petit Marchand, ayant celui qui est à sa portée ne peut s'y contenter d'un gain aussi modique que dans les Républiques.

Dans un Etat où le luxe est introduit, si on gagne plus on dépense plus; & tout compensé le superflu devenu nécessaire & l'excès du gain, il se trouve que l'on gagne moins. L'Economie produit peu, mais elle le conserve & par là l'augmente toujours.

M. L'Abbé D. L. P. renvoye encore dans l'Article du Commerce a ce qu'il a dit dans celui de la Morale. J'y ai répondu.

Mais ces fréquents renvois prouvent le défaut de l'ordre qu'il a suivi. Comme toutes les choses peuvent être considérées en Théologien, en Philosophe, en Politique, en Jurisconsulte & en Négociant, chaque partie des Observations auroit pû contenir le tout. L'Auteur de l'Esprit des Loix a mieux aimé suivre l'ordre des choses.

Si l'Observateur eût suivi le même ordre, il n'auroit pû faire la plûpart de ses objections. Les choses étant chacune à sa place, s'y éclairent mutuellement, & les prétendues contradictions s'évanouissent.

Mais il a pris les différents points de vûë généraux sous lesquels il a plû à des hommes très-différents de considérer toute chose. Delà vient peut-être qu'il a vû par tout des contradictions, parce que ces points de vûë eux-mêmes sont souvent contradictoires. (*a*) si on se met dans différentes posi-

(*a*) Voyez l'Esprit des Loix. L. III.

tions , à des distances plus ou moins grandes, on verra différemment le même objet. Bien des gens comme ceux de la fable prennent de loin pour un puissant Navire des *batons flottans*.

Quand il s'agit de Gouvernement & de Loix, le Politique touche à l'objet, le Philosophe est tout auprès & le contemple: tous deux conduisent par la main le Jurisconsulte qui s'en approche, & qui appelle le Négociant. Le Théologien reste à côté, il marche les yeux bandés, mais la Religion porte devant lui un flambeau qu'elle secoue, & qui répand la lumiere dans son ame.

L'Auteur de l'Esprit des Loix est par-tout ce qu'il faut être.

a

Chap. IV. *ifférence des effets de l'Education chez les Anciens, & parmi nous.* » Cela » vient en quelque partie du Contraste » qu'il y a parmi nous en tre les engagements » de la Religion, & ceux du monde, chose » que les anciens ne connoissoient pas»,

Observation Historique.

SUr les *paroles* de l'Auteur *Chap. X. Liv. III. on croiroit véritablement qu'Assuérus ne révoqua point l'Edit qu'il avoit porté contre les Juifs, mais qu'il se contenta de leur permettre de se deffendre contre leurs ennemis, cependant l'Ecriture dit précisément tout le contraire.*

REʼPONSE.

Il s'agit de ce que l'Auteur a dit. C'est une chose de fait qui ne peut pas être arbitraire, & qui ne dépend pas de ce qu'*on croiroit*. Or voici les paroles de l'Auteur, » en Perse lorsque le Roi a condamné quelqu'un, » on ne peut plus lui en parler ni demander grace, s'il étoit yvre, ou » hors de sens, il faudroit que l'Arrêt s'exécutât tout de même ; (*a*) » sans cela il se contrediroit, & la » Loi ne peut se contredire. Cette ma-

(*a*) Voy. Chardin.

» niere de penser y a été de tout
» temps. l'Ordre que donna *Assuérus*
» d'exterminer les Juifs, ne pouvant
» être révoqué, on prit le parti de
» leur donner la permission de se def-
» fendre.

Qui pourroit croire *sur ces paroles* que l'on *se contenta* de leur donner cette permission ? On leur auroit permis de se deffendre ; & quelques bonnes que fussent leurs raisons, on les auroit exterminés.

Mais l'Auteur n'a point dit qu'ils se justifierent, qu'ils furent absous, &c. L'Auteur n'a point dit ce dont il n'avoit que faire. Ne citer qu'une circonstance d'un Fait Historique, est-ce dire qu'il n'y en a qu'une, est-ce démentir le reste. Il auroit donc fallu que l'Auteur eût mis dans l'Esprit des Loix toute l'Histoire des Perses, & celle des Hébreux, parce qu'il avoit à citer une circonstance qui regarde ces deux Histoires.

On oppose l'Ecriture.

Esther a parlé pour les Hébreux, on en conclud contre l'Auteur, *qu'on pouvoit parler en faveur de quelqu'un que le Roi avoit condamné, & qu'il n'étoit point deffendu de demander grace.* Mais Esther a osé se présenter sans ordre devant Assuérus qui étoit sur le Thrône; on pourroit en conclure également que cela n'étoit point deffendu sous peine de la vie : il est de fait cependant que cela l'étoit.

Quelle deffense pouvoit arrêter Esther? Elle étoit condamnée à la mort, elle & toute sa nation : elle ne parloit pas *pour quelqu'un* qui étoit condamné, elle parloit pour elle-même. Plus l'Ordre d'Assuérus étoit irrévocable, moins elle avoit à ménager.

Les paroles qu'elle adressa au Roi Assuérus, celles que cite M. D. L. P. prouvent, ce me semble, le contraire de ce qu'il prétend, & confirment ce qu'a dit après les Historiens l'Auteur de l'Esprit des Loix. Je remarque en passant que dans la Traduction *Observ. p.* 196. on a mis *révoquez* qui n'est point dans le Texte.

Je traduis mot pour mot. *S'il plaît au Roi*, dit Esther, *& si j'ai trouvé grace devant ses yeux, & que* *ma priere ne paroisse point lui être contraire.* De-là il suit qu'en *Perse*, dans ces anciens temps comme aujourd'hui, la volonté du Prince une fois connuë, on ne pouvoit faire ni priere, ni remontrance.

C'étoit la formule de toutes les demandes que l'on faisoit au Prince. En demandant la Révocation d'un de ses Edits, auroit-on pû dire, *si ma priere ue paroît point lui être contraire?*

Esther étoit conduite par les conseils de Mardochée, homme ingénieux & profond, caractere rare chez les Israëlites, & d'autant plus brillant par le contraste. Elle n'a garde de prier Assuérus de révoquer l'Ordre qu'il a donné : elle suppose au contraire, que ce n'est pas lui qui l'a donné, que c'est l'Ouvrage de son Ministre : *je supplie*, continuë-t-elle, *que l'on corrige par de nouvelles Lettres les anciennes Lettres d'Aman, ce fourbe, cet ennemi des Juifs qui a or-*

(*a*) *Cap.* 8. *Si placet regi, & si inveni gratiam in oculis ejus, & deprecatio mea non ei videtur contraria......*

donné qu'on les fasse périr dans tous les Etats du Roi (*a*). Elle prie le Roi de réformer non ce qu'il a fait, mais ce qu'a fait son Ministre. Toutes ces précautions que prend Esther, marquent assez que les Ordres des Rois de Perse ne pouvoient pas même alors être révoqués.

Et le second Edit fut dressé sur ce plan. Le Prince commence par faire voir, que le premier n'étoit point son ouvrage, mais celui d'un traître, qui avoit abusé de son nom, & en conséquence il l'annulle. (*b*) Ce qui

(*a*) Ibidem. *Obsecro ut novis Epistolis veteres Aman Litteræ insidiatoris, & hostis Judæorum quibus eos in cunctis Regis Provinciis perire præceperat corrigantur.* Et dans le Chap. 3. *& scriptum est ut jusserat Aman ad omnes satrapas Regis.* Et dans le Chap. 7. *Locuta ad eum oravit ut malitiam ejus Agagitæ, & Machinationes ejus pessimas quæ excogitaverat contra Judæos corrigantur.*

(*b*) *Nos autem à pessimo mortalium Judæos neci destinatos in nulla penitus culpâ reperimus ..... Unde eas litteras quas sub nomine nostro ille direxerat sciatis esse irritas.* Vid. *Cap.* 16. 9.

est bien different de la Révocation : mais c'est l'ordre d'Aman qui est annullé (a)

M. D. L. P. cite des Vers que Racine met dans la bouche d'Assuérus, & où il s'agit de *révoquer*. Mais on ne peut pas plus juger d'un ouvrage de Jurisprudence sur une Tragédie, que d'une Tragédie sur un ouvrage de Jurisprudence.

D'ailleurs voici les Vers.

...... Allons par des ordres contraires
Révoquer d'un méchant les ordres sanguinaires.

Assuérus, observe-t-on, *ne croyoit donc pas que ses* Ordres *fussent irrévocables.*

Assuérus dit qu'il va révoquer les Ordres d'un méchant, les Ordres d'Aman, & non pas *ses Ordres.*

Tant que cet Ordre a été regardé comme celui d'Assuérus, l'Ecriture nous peint la désolation des Juifs, parce, nous dit elle, qu'ils attendoient *une*

(a) V. Les Auteurs de Droit.

mort certaine. (*a*) Ce qui marque encore l'irrévocabilité que l'on conteste, & l'ancienneté de cette maniere de penser en Perse.

TELLES sont les Réponses que j'ai crû pouvoir faire aux Objections de M. L'Abbé De La Porte. Que je lui sçais gré d'y avoir mêlé les éloges les plus grands, & les plus justes, d'être convenu, même en critiquant l'Esprit des Loix, que c'est un Livre utile, admirable, unique ! Il m'a été facile de ne me point écarter de la modération dont il m'a donné l'exemple. Mais que pourrois-je dire à un autre Critique qui vient de se mettre sur les rangs ?

Il annonce dans le Préambule qu'il sera *plaisant*. De-là il se donne *pour un Bateleur*, il appelle l'Esprit des Loix *des Broutilles*, & M. de M. *notre Auteur vagabond.*

Hic vero est qui si occeperit, ludum jocumque dices

[*a*] *Eo quod eis mors certa immineret.*

Fuiſſe illum alterum, præut hujus rabies quæ dabit. Ter.

Je n'ai garde d'entrer en lice avec un pareil adverſaire. Il ſoutient que l'Eſprit des Loix ſi excellent en lui-même eſt *miſérable* dès qu'on l'analiſe. S'il ne faut que convenir avec lui que l'Analiſe qu'il en a faite eſt miſérable, nous ſommes d'accord.

Cette Critique eſt intitulée *l'Eſprit des Loix Quinteſſentié par une ſuite de Lettres Analitiques*. Il y a des Ouvrages dont on peut juger ſur le titre, mais ce n'eſt jamais à leur avantage.

Quiconque prendra la peine de parcourir ces *Lettres Analitiques* verra que j'ai eû raiſon de me diſpenſer de répondre à ce faiſeur de *Quinteſſence*. C'eſt le travail malheureux de certains Chimiſtes qui n'étudient la nature qu'en l'altérant, & qui ſavent tirer du poiſon des choſes les plus ſalutaires.

FIN.

P. 76. *la premiere raiſon*, liſez *la raiſon. &c.*

www.ingramcontent.com/pod-product-compliance
Ingram Content Group UK Ltd.
Pitfield, Milton Keynes, MK11 3LW, UK
UKHW020313180726
13839UKWH00001B/456

9 782329 581965